JN093202

美しい家のつくりかた

住空間クリエイター
押村知也
Tomoya Oshimura

1

2

3

4

LDKのレイアウトをKDLへと再定義することで空間は変貌を遂げる。1 冷蔵庫は適正な位置に配置されてアイランドキッチンの利便性を高めている。 2 ダイニングテーブルのダウンライトは集光タイプ3灯をしっかりと天板に当てる。3 ソファはアイランドにせず壁付けされてテレビと適正な距離が保たれている。4 ダイニングを吹き抜けにすることで、人が集まる「社交の場」へと定義がアップデートされた空間に

5 窓、ミラー、ガラスの天板を使ったテーブル、吹き抜けを設けることで開放的なダイニングに。大開口の窓をむやみにつくって耐震性を下げてはいけない。設計にはルールがある。 6 リビングにはソファとラグに加えてサイドテーブルを2つ配置することで各段に利便性が向上している。 7 8 テレビとソファの適性位置を担保することでくつろぎが一段と増す空間へ

5

6

7

8

9 10 11 カラーを重視した子ども部屋。最適解は5.2畳だ。 12 玄関框の幅が広いほど使い勝手は上がる。シューズボックス全面にミラーを貼ることで空間は広がりを持つ。13 寝室に壁を設けてテレビを吊ることでシアターベッドルームへ。14 浴室の壁の色は暖色系やグレーなどの膨張色が落ち着く。白は緊張色で黒や濃い色も水滴や雫の跡が目立つので掃除は面倒に。15 トイレはパナソニックのアラウーノを設置

15
14 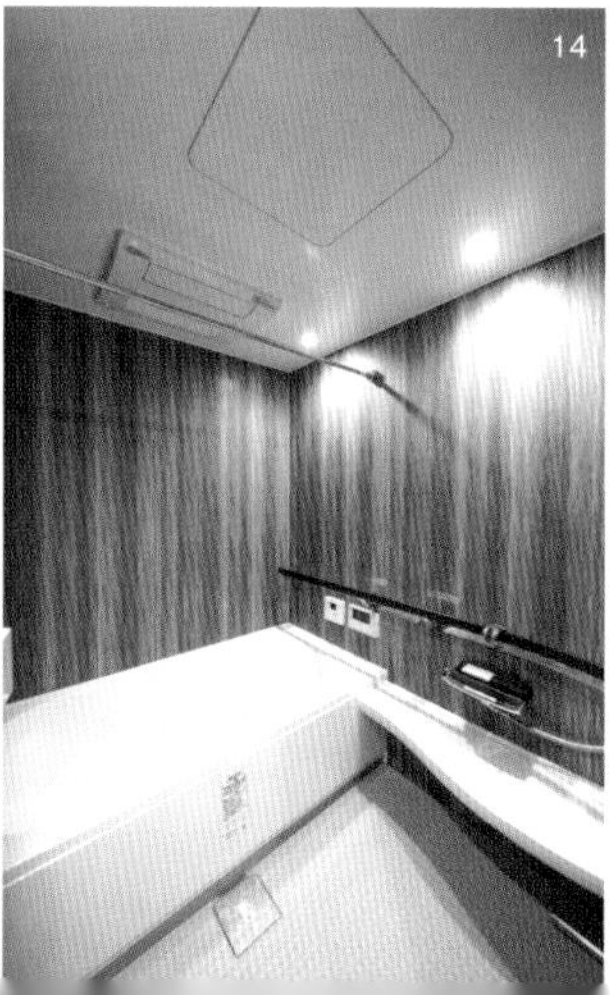
13

16 17 18 キッチンにはカップボード、冷蔵庫上の吊り戸棚、パントリーを設け、リビングにはテレビボードと吊り戸棚、洗面の収納も大容量で「適材適納」となる。19 ペンダントライトは照明界のアイドルだ。20 タイルを用いた玄関まわり。21 ケーシング枠を設けた室内ドアは格調高くなる

16

19

17

20

18

21

目次

[CONTENTS]

美しい家のつくりかた

美しい家のつくりかた

[CONTENTS] 目次

第一章 「家」は誰のために建てるのか

第二章　「暮らしやすさ」はプロがつくる

第三章　「美しさ」は細部に宿る

第一章

「家」は誰のために建てるのか

僕が住空間クリエイターを名乗るわけ

誰もが新居は快適に暮らせる空間であってほしいと願うでしょう。家具やインテリア、住宅設備のそれぞれが機能的に働いて生活を豊かにしていく。外観や外構は美しく彩られ時間の経過とともに愛着が増していく。そんな家で暮らし、やがては子どもや孫、さらにその次の世代へと引き継がれていく。これが僕の理想とする機能的で美しい家のありかたです。

しかし残念ながら、現在の日本の住宅は理想とはかけ離れ、そのほとんどが不便で不格好で、すぐに老朽化します。原因については折に触れて述べていきますが、住宅会社が旧弊にとらわれてお客様ときちんと向き合わず、都度の効率だけを考えて家を建ててきた結果です。このままであれば、永遠に機能的で美しい家にはたどり着かないでしょう。

僕は「住空間クリエイター」を名乗っています。家づくりのすべてにかかわるからです。大手住宅会社、いわゆるハウスメーカーが家を建てる場合、モデルハウスや展示場などで営業部員が受注すると、設計は建築士（ある会社では営業部員が間取りを決めてしまうこともありますが）、建築は下請けの工務店、インテリアはコーディネーター、庭や駐車場などのエクステリアは外構業者と、それぞれが分業して家を建てていきます。こうしたシステムになっているので、お客様はそれに従って進めるしかありません。しかし、分業は販売側の都合であってお客様本位ではないのです。

営業部員は販売するだけ、建築士は図面を引いて役所に申請するだけ、下請けの工務店は建てるだけ。それぞれが家づくりにバラバラにかかわっていくので、責任の所在が曖昧なまま家が建てられていくのです。例えば、住宅街を歩いていると、エアコンの室外機が屋根に置かれたり、壁に吊るされたりしている家があります。ダクトは折れ曲がり、２階トイレの排水管も外壁を伝わって美観を損ねています。外観と内観を立体的に考えて設計すればこんな不格好にはならないのですが、こうした景観をつくりだした責任はハウスメーカー、建築士、施工業者、はたまた施主であるお客様のどこにあるのでしょうか。責任のしわ寄せがお客様だけに向かっているようにしか見えません。この手のことは一事が万事です。

現在、僕は新築の戸建てと注文住宅を主に手がけていますが、一流とされるハウスメーカーで家を建てた方が、僕のところに「施工をやり直したい」と依頼してきます。最近では、新築で買ったタワーマンションを入居前にフルリノベーションすることもあります。

億単位で買ったり、建てたりした家なのに納得がいかないというのです。

僕がこの業界に入ったのは今から27年前、24歳のときです。もともと不動産仲介業で住宅の仲介業務に従事していたのですが、デベロッパーに転職して分譲住宅を手がけるうちに家づくりに興味が移っていきました。住宅業界への違和感は当時からありました。なぜ、ハウスメーカーはわざわざ暮らしにくい家をつくるのか。なぜ、30年後には老朽化するような家を建てて平然としていられるのか。この建物は、100年後にはどうなっているのか……。

こういった自省や業界に対する不平不満は、海外経験によってさらに募りました。日本の家は経年劣化していきますが、欧米では家を100年単位で考え、経年変化を前提として受け入れています。新築ではなく中古を維持して長く使っていく文化です。

どうすれば海外のような家を建てることができるのか。いっときはカナダの断熱性能に優れた家の工法や建材をまるごと輸入して建てるといった仕事も始めたのですが、当時は先進的すぎてお客様の理解が得られず長続きしませんでした。

そういった失敗や試行錯誤を経てたどり着いたのが、今のスタイルです。先ほど、住宅のすべてにかかわるのが「住空間クリエイター」だと言いました。なぜ、分業ではなくすべてにかかわるのかといえば、責任を曖昧にしたくないからです。お客様の意見や疑問についてほかに回さず、すべて自分で応えていきたいと思っているのです。

お客様の暮らしを豊かにする設計

もっとも自負しているのは設計です。大手ハウスメーカーの建築士や設計担当者とご一緒する機会もありますが、正直に申し上げて議論になりません。設計に対する哲学からノウハウ、これまでに建ててきた戸数に至るまで、すべてにおいて雲泥の差があるからです。彼らにとっての設計とは、お客様の意向を酌んで役所の検査を通すためのものです。一方、僕はお客様の生活や人生について思いを馳せながら設計しています。お客様の暮らしを豊かにするための設計なのでそもそも土俵が違うのです。

設計というものは、工法はもちろん、外観やインテリア、エクステリア、内装、家電、建築資材についての知見を動員しながら、生活をよくするために立体的に連動させたうえで図面を引いていかねばなりません。一方、建築確認申請のために家の間取りだけを考えている設計者は、お客様に「ＬＤＫは何畳ぐらい必要ですか？」と質問しています。当たり前の問いかけに聞こえますが、これはナンセンスの極みです。間取りは、設計の最後に決めるものです。本来であれば、まずお客様を知るべきです。その家族がどういう暮らしかたをしているのか、日常的に来客があるのか、それとも家族だけですごしているのか、家族の帰宅は早いのか遅いのか、家事の分担はどうなっているのか、子どもは勉強や部活に熱心なのかそうでないのか。これらについて徹底的にヒアリングを重ねます。

世のなかにはキレイ好きな人もいれば、掃除が苦手な人もいます。ホコリがすごく気になる人がいれば、そうでもない人もいる。片付けが苦手であれば、片付けやすいように動線を工夫する必要があり、子どもの勉強がはかどるように計画したいのであれば、それを優先すべきでしょう。こうして生活がよりよくなるように、図面に落とし込んでいく。

普通の設計者は間取りだけを考えているので、お客様の暮らしぶりについては通り一遍で気にかけません。そもそもハウスメーカーの設計者は、建築中はもちろん、家が建った後にお客様の生活を見にいくようなことはしないでしょう。だから、齟齬が生じても気づきもしない。情報がフィードバックされないということは、次の図面にも反省が生かされないということです。つまり、建てた家の数が同じであっても、僕との差は開く一方なのです。

ハウスメーカーのなかで設計者の地位が低いという問題もあります。彼らはただ、いわれたままに図面を引くだけで、家づくりの権限を与えられているわけではありません。社内では注文を取ってくる営業部のほうが立場は強く、お客様と相対するのも営業部員です。

ハウスメーカーに依頼して家を建てる知人の打ち合わせに同行したことがあるのですが、彼らは僕を同業者だとは知らないので、すぐに「できません」と言います。しかし、「なぜ、できないのかを説明してもらえますか」「こうすればできますよね？」と理詰めで返答すると、意見を翻します。単に面倒なだけなのです。

実際に大変なのだと思います。上司からは「早くしろ」とせっつかれる。気持ちはわかります。しかし、それではダメなのです。手間ひまをかければ実現できるものをできないと言ってはいけない。それが仕事として、最低限のラインだと思います。

ところが、お客様にとって心地のいい家を追求してきた結果、僕は業界の異端児になっていました。隣を見たら誰もいない。しかし僕はもっと多くの業界関係者に自分のノウハウを知ってもらいたいと思っています。なぜなら、ひとりでも多くの人に美しい家に住んでもらいたいからです。住宅街に一軒だけ美しい家があっても、隣が不格好な家であっては、「美しい街」にはなりません。それでは、街としての資産価値も向上しません。日本を少しずつ「美しい街」に変えていくのが、僕の目標なのです。

工業製品の家と本物の家の違い

叔母がロサンゼルスに住んでいたこともあり、アメリカの家づくりをたくさん見てきました。僕にとっての住宅の原点はロスの住宅だったといっていいでしょう。アメリカでは珍しい新築住宅を叔母が建てたときのことは、今でもはっきり覚えています。まず、図面をシカゴの建築家に発注して設計図を作成してもらい、その図面をもとに地元のハウスビルダーに建ててもらうのですが、何から何まで施主が決めなくてはならない。日本のようにカタログから選んで終わり、ではないのです。外壁やドアなどの建具はもちろん、世界中にある水栓から施主の責任で一つ選び、二つ選びといった作業を繰り返していくのです。もちろん、アドバイザーとしてコーディネーターの役割を担うプロを雇うことも重要です。新築の家が完成するまでに3年は要したでしょう。ハウスメーカーの家が早いと3か月で建つのに比べると、驚くほど時間がかかりました。

欧米の住宅市場は新築が少なく、ほとんどが中古住宅です。親、子、孫、ひ孫と4世代100年にわたって受け継いでいくのが主流で、アメリカ、イギリス、フランスでは中古住宅が70～85％を占め、新築は15～30％程度しかありません。日本のハウスメーカーのような大企業にはそもそも商機がなく、ローコスト系の建売業者のようにどんどん新築を建てて販売していくというビジネスも成り立ちません。

さて、欧米では誰が家をつくっているのでしょうか。英米では建築家（アーキテクトArchitect）です。医師、弁護士に並ぶ3大職能であり、日本では1級建築士が37万人、2級建築士は77万人いるのに対し、英米の建築家は、イギリスでは約4万人、アメリカでも約8万人しかいません。ちなみに日本には「建築家」や「設計士」という資格はなく、「建築士」が設計や工事監理を行う免許を持っています。

欧米の建築家のステイタスはとても高く、設計事務所が作成した図面は出版物となり、その設計図には版権があります。個人が真似ようと思ったら設計料を支払って使うことになります。海外では設計がクリエイティブとして高く評価されているので、日本のように役所に申請して建築の許可を得るのが主な仕事ではありません。建築家が図面を引き、工務店、ホームビルダーが家を建てるというシステムです。設計と建築は明確に分かれています。ちなみにアメリカのホームセンターにはありとあらゆる建材が売られているので、すべてＤＩＹで個人が建てることも可能です。

一方、日本では新築が80％を占めると言われています。新築住宅を大量生産するようになったのは、敗戦という時代背景が大きく影響していると思います。焼け野原からいち早く復興するために急ピッチで住宅を供給する必要があったので、復興の名のもとにプレハブ住宅をたくさん建てていったのです。それが現在の家や街並みにつながっています。

ハウスメーカーは住宅需要に応えるべく建築資材を工業製品化して大量に仕入れることで建築コストを下げてきました。工業製品は安価で取り扱いが簡単というメリットがあります。企業の論理からすれば採用するのは合理的です。下請けの工務店にとっても、プレカットされた建材は現場で削って施工する手間が省け、組み立てるだけなので工期も短くてすみます。お客様にとっても経済的なので売り手も買い手も納得のうえなのでしょう。

こうした建築資材は新建材とも呼ばれ、サイディングといわれる外壁材や、シートフローリングと呼ばれる床材があります。石やレンガ、タイルを模したサイディング、木目を合板に印刷した床は、現在の日本の住宅の象徴でもあります。しかし、これらの製品は経年劣化していくので、外観や内装が安っぽく見える原因になります。一方、欧米では新築でも20~30年で老朽化するような家は建てません。こういった建材は使わず、古くなるほど美しくなるように考えられています。

住宅の歴史の延長線上にはハウスメーカーという独自システムが鎮座しています。ひょっとすると日本人の価値観は80年前のままなのかもしれません。もちろん、工業製品の家に住みたいという方もいるでしょう。しかし僕は、住宅は工業製品ではなく文化であってほしいと願っています。

資産価値のある家とは

人は美しいものを簡単に壊すことはしません。年齢を重ねるほどに美しくなる外観や外構は次世代に受け継ぎたくなります。海外の人たちが１００年かけて家を受け継いでいく背景には、歴史と文化に裏打ちされた美しさと資産価値があるからです。

パリのアパルトマンを所有している人に「この家は築何年ですか？」と聞けば、おそらく自慢そうに「相当に古い」と答えると思います。日本と違って新築時がもっとも価値が高いわけではないので、持ち主は経年に価値を見いだしているのです。パリでは新築物件自体が存在せず、アパートも築１００年が当たり前です。彼らはすでに建っている本物の家をリノベーションして再び美しくすることで価値を高めていく。家を持つということは資産であり、投資行為そのものでもあるのです。新築を購入した途端に価値が目減りしていく日本とでは、発想の根本が異なります。

アメリカでも100年を経た街の価値は上がっていきます。デベロッパーが新しく開発した街であれば一般家庭でも新築の家が購入できるのに、古い街だと数億円という価値がつくのが普通です。庭の木が大きく育っているほど、資産価値の高い家だという文化です。ヨーロッパはもっとわかりやすい。イギリスには城下町が残っています。現代的な性能は低い家であっても、購入したいという人が引く手あまたで何十年待ちだとか。数百年前の家を改築して住み、隠居後にはロンドンからカントリーサイドの古い家に引っ越してガーデニングを堪能するのがステイタスといった文化です。

みんなが美しい街を愛し、景観自体に社会的な価値を見いだしている。もちろん、その街並みを維持する法律も整備されています。皆さんも家の外壁を揃えたヨーロッパの街並みの映像や写真を見たことがあると思います。日本でああいった景観を見ることは非常に難しい。もちろん、街並みを意識した住宅づくりもありますが、ごくごく稀なケースだと思います。

日本、とくに東京は焼け野原から再スタートしているので街並みが美しいとは到底言えません。大工や職人、その棟梁たちが伝統的に受け継いできた和瓦や漆喰壁の家もすでに失われています。よくも悪くも和洋が混在していて協調性がありません。瓦屋根の白い壁の家の隣に、ピンクに塗られたカリフォルニアスタイルの家が建っていたりします。

唯一の例外は京都です。街の価値をしっかりと認識して条例を整備しています。京都市は多くの土地が景観地区に指定され、一戸建てであってもいわゆる京都っぽい家しか建てられない。お寺の近くはより規制が厳しく、東京でよく見られる四角い家は建てられません。すべての土地を景観地区に指定する必要はありませんが、無秩序に家を建てていくのはやめませんか。やめるのは今だと思っています。

僕が建てた家には売却する際に購入したときよりも高く売れることがよくあります。日本の税制では木造住宅の耐用年数は22年で価値はゼロという評価になるので、土地価格が高騰しない限り、築年数の古い家が買い値より高くなることはほとんどありません。

土地を探す際に、築20年以上の家が建っている土地は「古家付き」または「古家あり」と表記されます。古家に住むか住まないかは買い手の自由ですが、売り主は家に対する責任を負いません。つまり、家屋に価値はなく土地だけの価格で見てほしいという物件です。土地として購入する場合は解体費用が上乗せされるので、価値がないどころか余計なコストまで上乗せされます。日本の税制が国民に建て替えを強いているので、やむを得ない部分もありますが、20年後に「古屋」にならず、資産価値の高まる家であれば、当然そちらを建てるべきでしょう。

100年後も美しい家を建てたい

本書の執筆の背景には、これから家を建てるお客様には住宅業界の惨状を知ってもらい、住宅業界には奮起を促したいと考えるようになったからです。長い間、業界の片隅から関係者には思いを伝えてきました。新人や若手に僕が建てた家を見学して勉強してもらう。その場では、目を輝かせてくれるのですが、自社に持ち帰った途端、上司に反対される。「うちのやり方とは違う」「お客様の言うことを聞け」の一本槍です。ならばと、実績や利益を積み上げると、今度は「そこまでこだわる必要はない」「資材は削ってオプションをつけろ」となる。まったく理解されていません。

僕の志向する美しい家は、今はやっている家とは異なります。デザインが日新しくおしゃれだからといって美しくなるわけではありません。僕は白い正方形の家も、ガルバリウム鋼板を使った黒い家もつくりません。なぜなら建物は今の流行に寄せるのではなく、100年後に見ても美しくあるべきだからです。

人間の営みというものは、昨日今日に生まれたものではなく、数百年数千年の歴史があります。先人がつくったデザインには必ず意味があり、機能性を有しています。それを無視して新奇性だけで家を建てるのは、歴史に対する冒涜だと思います。

後述しますが、僕は家づくりのコンセプトのひとつに「メイクノスタルジー」という思想を掲げています。端的に言うと、懐かしい風景をつくっていくということです。例えば、日本家屋に窓を取り付けるのは、デザイン上の整合性が難しいものです。本来、戸の文化であり窓はなかったからです。しかし現在、機能的に窓のない家はありません。そこで、僕は「蔵」をヒントにしています。

江戸から明治にかけて建てられた土蔵造りの蔵が立ち並ぶ姿は今見ても壮観です。その造形には郷愁を誘うものがあり、誰が見ても後世に引き継ぎたくなる風景でしょう。では、蔵に現在の窓をつけるにはどうすればいいのか？　僕が建てる家は、メディトレニアンといって地中海様式のスタイルに蔵の造形を折衷したデザインになっています。文化に敬意を表しながら和洋折衷した家をつくるカギは、先人たちがつくりあげてきた蔵の造形にあったのです。

後世に引き継いでいく家の姿かたちは僕たちの世代が提示していくべきだと思っています。文化風土の延長線上にあって資産価値としても高く美しい家。機能面だけでなく、見た目の美しさで感情をふるわせるような家や街をつくりあげたら、100年後にも愛されているに違いありません。家も家具も植栽も買い替えるのではなく、できるだけ長く使って引き継いでいきたい。それが僕のベースにある気持ちなのです。

日本の住宅は遅れていると認めよう

日本人は海外の住宅のことを知りません。海外がすべて正しいわけではありませんが、日本の常識が時代遅れの場合も多いのです。かなり遅れていることを認めるべきです。

家の快適さを決めるうえで、暑さや寒さから心身を守ってくれる断熱性能は非常に重要です。断熱はこれまで1999年に設定された「4」が最高等級でした。しかしこれは冬の室温が8℃を下回らない程度であって、40年前のドイツの基準にも及びません。2022年にようやく等級5〜7が新設され、2025年からは新築住宅に省エネ基準として断熱等級4以上の適合が義務化されるようになります。

とはいえ、この基準はすでに義務化されている韓国や中国に比べてもかなり低いレベルでクリア可能なため、国民の健康を考えて設けられたものとは言えないでしょう。

断熱性能に勝るドイツでは、風邪をひいたら診察の際に「家の温度は何度ですか」と聞かれ、18℃以下であれば、「原因は家です」と診断されます。医学が室温と病気の因果関係を認めているのです。イギリスでは、室温が18℃以下になると、大家は法律違反で家を貸せなくなります。世界保健機関（ＷＨＯ）は住宅の最低温度を18℃以上にするよう勧告しています。一方、日本では、無断熱の家がたくさんあり、寒冷地では家のなかでも2℃や3℃というところがあります。世界を見渡しても寒冷地でアルミサッシの窓を使って、結露させているのは日本ぐらいです。

さらに重視すべき数値に気密があります。住宅の隙間をＣ値で表し、隙間を減らして気密性を高めることで熱損失や結露のリスクを下げることができます。高断熱高気密は住宅にとって必須であるにもかかわらず、気密に関する国の基準は存在しません。

僕が掲げているもうひとつのコンセプト「チェンジザスタンダード」は、ここが出発点になっています。日本の住宅は遅れていることを認めて、基準を変えていこう。住む人を健康に、かつ幸せにする空間を生み出していこう。そのためには、住宅に使っている部材や建材をイチから見直す必要があると思っています。

日本人は、世界の基準から周回遅れであることを認識していません。「日本の基準は厳しい」と安穏としている。大手ハウスメーカーが独自工法として売り出している建物は、物理的に断熱や気密に劣ります。構造上冷えやすい建物であるにもかかわらず、コストをかけて性能を底上げさせるといった掛け違いを行っています。海外の住宅事情を知らないと、ハウスメーカーや政府に都合のいいままになります。住む人のために新しい断熱や気密の基準を制定するとなると、既得権益者が必ず反対するからです。

建築には、設計が大切だと述べてきました。しかしハウスメーカーで主導権を握っているのは営業部で、設計者の仕事は途中から参加して図面を引き建築確認申請書を提出したら終わりです。なぜこんなに重要なことがおざなりになっているのか。それは、会社の利益を優先するあまり、効率ファーストになっているからです。企業が株主のために利益を出すことは当たり前ですが、僕からすると、家づくりほど非効率なものはありません。機械ではなく人間がつくっているからです。

しかし、なぜお客様は唯々諾々とハウスメーカーに依頼し続けているのか。それはほかの建て方を知らないからです。商品としての家は知っていても、つくり方や工程は知らない。いざ家を建てるとなれば認知度の高いハウスメーカーか、ローコストの建売業者しか候補にあがりません。「アットホームですよ」「家族にやさしいですよ」「高級感がありますよ」と大企業は広告費にものをいわせてハウスメーカーしか存在しないような錯覚を抱かせます。

一生に一度の買い物といわれるマイホーム。自分の知っているメーカーを選びたくなるのは人情というものです。サービス満点の住宅展示場なども同様です。なぜ住宅展示場には競合他社がわざわざ集まっているのか、その理由について考えたことはあるでしょうか。広告宣伝費の原資はもちろん家を購入したお客様のお金です。こう話すと、広告宣伝費を一戸当たりで換算すれば地元の工務店のほうが高いのではないか、という人がいます。ハウスメーカーはスケールメリットを活かせるので、単純な比較はできないでしょう。しかし大企業の固定費を考えると、利益率では地場の工務店に比べて高く設定しているのではないでしょうか？　最近はＹｏｕＴｕｂｅのように小資本の工務店や個人でも情報を発信できる媒体が増え、住宅業界の慣習に物申す空気が醸成されてきました。業界の刷新にはとてもよいことだと思います。コマーシャルや印象、効率だけでは快適で美しい家は建てられないからです。

間取りを先に決めてはいけない

僕は一般のハウスメーカーで働く設計担当者の数十倍、数百倍は図面を引いてきたと思います。設計図面と住宅工事仕様書を合わせると、文字どおり大辞典のような厚さになります。一般的な平面図、立面図、電気工事図面ではとても収まりません。建具のリストを作成したり造作の仕様を用意したり、最初から最後まですべて細かく書き込んでいく。指示が求められるところは、すべて展開図を作成して備えておきます。

それでも建築現場では、さまざまなことが起こります。365日、報告確認、問題の所在の連絡を受けています。設計者が建築にかかわるということは本来、大変なことです。パッと図面を引いて申請し、終わり。なにか問題が起きても現場にお任せ、といった住宅業界の慣習は、ハナっから間違っています。

僕は家を建てるときに、お客様に徹底的にヒアリングすると言いました。一方、ハウスメーカーの設計者は、最初に間取りを決めるとも言いました。僕はお客様の生活にかかわる家具や家電、生活用品などを先に決めて、それに合わせて暮らしやすい生活空間を設計していきます。普通に考えると当たり前のことですが、住宅設計では順番が逆で、間取りを決めてから置けそうな家具を当てはめていきます。住宅とは、本来、生活を起点にして設計すべきものです。間取りに生活を当てはめるものではありません。

この「インテリアファースト」という発想法も、僕のコンセプトのひとつです。

ハウスメーカーは土地の面積に限りがあるから、そんなやり方はできないと言うでしょう。そうやって今までやってきたわけですから。ハウスメーカーには設計から施工までトータルで建築をカバーできる人がいません。営業部の人は、仕事なので「なんでもできます」と都合のいいことを言います。しかし、できるわけがない。僕の家を見た人が、「あいう家にしたい」と言っても同じものは絶対に建てられません。業界自体が家のことをあまりに知らず、建てることを安易に考えすぎているのです。

設計者不在で現場任せの弊害

僕の周りにも、プロフェッショナルと、そうでない人がいます。ご存じのとおり、建築業界は人手不足なのでプロ意識を持った職人を揃えようとするとなかなか大変です。しかし、家を建てるには職人の力が不可欠です。どんなに精緻で素晴らしい図面があっても、施工する人の力量が伴っていないと図面どおりに仕上がらないからです。

職人の多くは、技術を磨くことには長けていても、「100年後に残る家を建てたい」とか、「美しい家を建てたい」といった目的があるわけではありません。彼らの心をいかに刺激し、目的を共有するか。ものづくりは職人の腕にかかっています。よさそうな職人がいると聞けば現場に行って仕事を見る。「これはやれそうだな」と思えば1棟建ててもらう。そしてその内容や人間性を見て、続けてもらうかどうかを判断しています。

僕が建てる家の大工は年間6棟を目安にしていますが、いくら単価が高くて建て坪が大きくても、ほかで工期の短い安価な家を10棟建てるほうが収入は増えます。存分に腕を発揮できる家を建てるか、急ぎのやっつける仕事を選ぶか、それは当人次第です。

僕の仕事は相手の腕や技術に対して正当に評価を与えて敬意を払うことです。職人はどんな人でも、奥底に「(その作業が)好きだ」という思いや気骨があります。ただ、日々の作業や日程との兼ね合いで腕が鈍ることもある。ですから常に彼らにやりがいを維持してもらう必要があります。

僕は現場のミーティングでいつも「悩んだり迷ったりしたら直接一本、電話をちょうだい」と伝えます。そして実際に電話が来たら、必ずその場で答えを出します。「しょうもない疑問かどうかは考えなくていい。現場の手も止めさせないから連絡してほしい」。そうやって関係性を築いていきます。家を建てるにあたって、コミュニーケーションは必須です。お客様はもちろん、現場で仕事に携わる人との関係性がすべてです。

しかし、そういった協力関係が機能していない現場は日本中にあふれています。設計者と職人、現場監督が一致協力している場面など、よそでは見たことがない。現場監督とは、文字どおり建築に関する「現場」でスケジュールや人材配置、資材配送などの段取りを担当する人です。ハウスメーカーにおける現場監督というとエラそうに聞こえますが、実態は、テレビ局でプロデューサーに怒られているＡＤといった感じでしょうか。

ハウスメーカーでは仕事のできる人は営業部に配属されます。現場が好きな人は職人になります。つまり、現場監督は、お客様の意向を聞いた営業から催促される人、職人からは段取りが悪いといって文句を言われる人という位置付けになります。

もちろん、なかには素晴らしく優秀な現場監督もいます。僕は関西ではトップといっていい監督に発注しています。優秀なだけあって、向こうもプライドがあるので、よくケンカになります。でも、それこそが大事だと思っています。

現場では「こうしたほうが美しい」ということと、「こうしたほうがラクだ」ということで、しばしば葛藤します。そのとき、僕としては手間がかかっても前者を選びたいので、戦う必要が出てきます。これは必要な議論というわけです。

ところが、ハウスメーカーには「現場合わせ」といって、「現場に任せますよ」というスタイルがあります。いかに工期を遅らせないかが最重要であって、僕のような人間に口出しさせないシステムになっています。現場任せは責任不在の一端なのです。

日本の現場でいちばんの問題は、設計担当者が不在で、現場監督の責任は軽いにもかかわらず、現場任せが横行していることです。彼らも会社の都合で仕事をしているだけなので、自分の気持ちとは違うのかもしれません。しかし、ご用聞きでしかない営業部員、やりがいを感じられない設計担当、軽んじられる現場監督、下請け作業で終わってしまう大工や職人。そうしたダメな「現場」の象徴が、設計担当者の不在に表れていると思います。

お客様任せは責任逃れと表裏一体

現在の住宅業界は「建てて売って終わり」の繰り返しです。ゆえに、お客様からのクレームを避けて、次々に建てていきたい。建てる前にすべてにサインさせ、建てている途中にもチェック、チェック、チェック。コンセントの位置まで細かく確認させたうえで施工し、内覧でお客様にダメ出しをさせる。こういう行為はすべて、お客様のためではなく、自分たちのために行っています。あとから出てきた改善の指摘については、「それは以前に出ていませんよね？」と言うだけ。会社としての責任を回避するためにお客様任せにして、あらかじめ言質を取っているにすぎません。

そういう関係性は最悪です。僕が建てた家の内覧では、壁のクロスやフローリングのチェックなんかしません。お客様に家具や家電の使い方、新しい家の暮らし方を説明するだけです。もちろん、引っ越しなどで問題があってキズが生じてしまった場合は直します。ただ、こういう信頼関係で成り立つ意見を言えないのがハウスメーカーなのです。

僕は本来、両者の立ち位置はもっと対等でいいと思っています。お客様はもちろん一生にかかわる大金を払っています。一方で我々もプロです。お客様の信頼に応えるべく言うべきことは言わねばなりません。ハウスメーカーは「(お客様の) 建てたい家が建てられます」という営業をしています。間取りが自由で大開口の窓を入れられる、回遊動線にも優れています、といった具合です。お客様の思い描いた家を建てられるということは、一見いいことのように思えます。

ドアはどこに取り付けますか、窓の大きさはどうしますか、ダウンライトの位置はどうしますか、コンセントはいくつ必要ですか。そして完成したものを「はい、あなたが建てたかった家です」と引き渡してくる。これはちょっと違う気がしませんか?

お客様は家については素人です。僕らは家のプロです。「そんなに窓を大きくしたら耐震性が下がりますよ」「ダイニングテーブルはこれを使うので照明の位置と高さはここで決まりです」「子ども部屋がもっとも効率的なのは5・2畳ですよ」「コンセントはここにあれば困ることはありません」など、正解は僕たちが持っているべきで、お客様任せにしてはいけません。お客様は本来、どんなものが好きで、どんな暮らしがしたいのか伝えるだけでいいのです。それを具現化するのはプロとしての仕事です。

営業や設計だけではありません。インテリアコーディネーターしかり、管理担当しかり、住宅業界全体が、お客様に選ばせることで責任を転嫁できるようにしています。お客様に責任を負わせるようなかたちで家をつくってはいけません。

新築時がもっとも美しい家がダメな理由

住宅業界は、一刻も早く変わらなければいけない。これは疑いようがありません。なかでも僕が最悪だと思っているのは、「売って終わり」という業界の慣習・常識です。ハウスメーカーが、もっともナーバスになる瞬間は、いつだと思いますか？　新築を引き渡す瞬間です。

ピカピカの新築に入ったお客様は、家を隅々までチェックします。床にキズはないか、建具に歪みはないか、なにか不備な点はないか……廊下でビー玉を転がしてみる人がいるかもしれません。大切なマイホームですから当たり前です。一方、ハウスメーカーからすれば、「ここさえ乗り切ってしまえば」という思いがあります。

引き渡しでクレームが出てやり直しになると、ほかの住宅の進捗にかかわってくるのです。できればクレームなしでどんどんと右から左へと流していきたい。後日であれば「引き渡しのときにサインされましたよね？」という、言い訳も成り立ちますから。

でも僕は、引き渡しのときに両者が攻防を繰り広げる状況はおかしいと思っています。家を建てるとき、建てたあとも、僕はずっとお客様の味方です。お互いの信頼のもとに、関係を築いています。引き渡しの前後にかかわらず、意見を言ってもらって構わないし、最善の対処をしたい。

僕が目指しているのはヨーロッパの街並みのように、経年変化を通じて美しくなる家です。フローリングひとつをとっても、天然無垢の木材を使うと、施工中にどうしても小さな傷がつきやすくなります。そこを指摘されたくないハウスメーカーは、傷がつきにくい人工のフローリング素材を選びます。ところが、そのフローリングとは合板に木目をプリントしたシートを張った製品なので、最初こそキレイですが劣化していきます。つまり、引き渡しのときがもっとも美しく、使うたびにみすぼらしくなっていくのです。

家づくりの第一歩として、「新築時がもっとも価値が高い」という評価基準に疑問を抱いてください。家を建てるときは遠慮なく「100年後も美しい家がほしい」と言ってください。もちろん悪いのは住宅業界の慣習ですが、お客様も少し広い視野から、信頼できる設計者とビルダーを探してもらいたいと思います。

世界には、新築よりも中古のほうが価値を持つ街がたくさんあります。年月を経てきたという事実は、人に愛されてきた時間とイコールなのです。そもそも「新築にもっとも価値がある」という発想自体が、1年ごとに資産価値が目減りしていく国の税制を鵜呑みにしているだけなのかもしれません。自分にとって価値のある家とはなにかを、もう一度、考え直してほしいのです。

注文住宅の責任は誰が負うのか

注文住宅はあらゆるオーダーができるのでお客様は決断の連続です。壁紙や水栓など細かい住宅設備はもちろん、断熱など家の性能、そして家そのものの建て方、工法についても選ぶことができます。日本ではさまざまな建て方があり、木造もあれば軽量鉄骨、コンクリート造もある。同じ木造でも建て方には違いがあり、それらをハウスメーカーが独自工法と謳っています。

本来、家の構造は柱が太く壁が多ければ強いというシンプルな理屈で成り立っています。しかし現在は、お客様の要望ならば「なんでもできます」とばかりに、柱を移動して壁を減らすといった設計を取り入れています。理論上の数値を積み上げることは簡単なので家は建ちますが、数値と実際の耐震性は一致しません。

お客様は「専門家であるハウスメーカーが建てたので心配はない」と考えているかもしれませんが、本来であれば、構造上不利な間取りや設計についてはちゃんと説明すべきです。そのうえで納得して建てるのであれば、それはお客様の責任です。

僕が建てる家は、北米生まれのツーバイフォー（2×4）工法を使っています。詳しくは追って説明しますが、基本ルールが明示されているため設計で変更することはできません。日本独自の慣習や自己都合は通用せず、計算に則れば誰がつくっても断熱性や耐震性に優れた頑強な家が建ちます。

ちなみに、ハウスメーカーの独自工法で家を建てた場合は、「囲い込み」が生じます。建て方が他社と異なるので、その後のメンテナンスも任せる必要があるのです。よく「30年保証だから安心」と謳う会社もありますが、もちろん有料です。ただし別のメーカーでメンテナンスをすれば保障はしてくれません。いわばメンテナンス費用を継続して徴収するビジネスモデルだと思ったほうがいいでしょう。一方、ツーバーフォー工法はルールさえ守れば誰でも建てられるのでメンテンスもラクです。

建築する側も、自社だけ問題がなければいいという考え方はやめましょう。お客様と真剣に向き合って責任を持つべきです。お客様のクレームから逃げることばかり考えていながら、クレームが起きそうなことばかりやっている人たちの気持ちがわかりません。要は、全責任を負う総監督が不在なのです。僕のように家づくり全体を統括している人間からすれば、その責任感の不在は大問題だと思います。

いい出会いができるかどうかも大切です。ハウスメーカーの名前よりも、どんな人が設計してどんな大工が施工するかのほうがはるかに重要です。家を建てるときは、いい設計者と施工者に出会うこと。これが大原則です。

耐震等級を鵜呑みにしてはいけない

僕がお客様と設計者、ビルダーとの関係を重視するのは海外経験に影響されています。海外にはハウスメーカーがないので、建築家、地元のビルダー、コーディネーター、庭師が集まって家を建てます。北米では木造住宅の90％以上はツーバイフォー工法で建てられるので耐震や断熱に対して基準が明確です。個々人の分業でも成り立つのは、家を建てる根幹である工法が決まっていて、かつ、すべての責任を施主が負うからです。一方、日本では責任の所在が曖昧だと述べてきました。こと耐震性に関しては、基準が甘すぎるのでもっとも注意が必要です。

日本の耐震基準は想定外の大震災が発生するごとに改正されてきました。現行の新耐震基準は１９９５年に起きた阪神・淡路大震災の被害をもとに新しくなり、「震度６強から７に達する程度の大規模地震でも人命に危害を及ぼすような倒壊等の被害は免れる」とされています。しかし、地震の揺れを一度に限っているため、２０２４年１月に起きた能登半島地震のように余震や群発地震が続く事態は想定されていません。

また、よく言われる耐震等級は第三者機関の審査が必要なものの、あくまで任意で国の基準ではありません。耐震等級１は新耐震基準をクリアし、耐震等級２はその１・２５倍、耐震等級３は１・５倍の強度という基準が設けられていますが、２０１６年の熊本地震では震度７が２回も立て続けに発生し、耐震等級２の家が半壊したり修繕が困難になったケースもありました。

耐震等級は主に、地震や台風といった水平に働く力に対して必要な壁の量を算出する壁量計算をもとにしています。構造上重要な壁を「耐力壁」と呼びます。

日本の木造住宅について、世界最古の木造建築である法隆寺の五重塔を引き合いに出して、「日本の木造住宅は地震に強い」と我田引水する方がいます。五重塔が地震に耐えてきたのは自ら揺れて倒壊を防ぐ構造で、メンテナンスに多額の費用を払ってきたからです。日本の木造建築の伝統を活かした建て方にするのであれば、揺れるようにすべきですが、お客様には受け入れられないでしょう。

そこで現在はツーバイフォーのように耐力壁を増やすことで耐震性を高めようとしています。しかし僕からすると矛盾しているように思います。本来、木造軸組工法は柱や梁など四角い枠内に斜めに渡した筋交いと呼ばれる補強材を使って木のしなりを活かした免震性が特長です。そこに耐力壁を入れて力が逃げないようにすれば、計算上の数値はよくなりますが、力を逃しにくくなります。本当にこれで耐震性は上がっているのでしょうか。

そこで僕は直下率を重視した家を設計しています。2階建てであれば、1階と2階には柱と壁があります。これが直下していることが構造物にとって非常に大切で、2階の柱や壁の下に1階の柱や壁がある割合を直下率といいます。2階の柱や壁が階下にそのまま荷重しているほうが建築物は強いというシンプルな理屈です。僕が図面を引くときは直下率90％以上を目標にしています。

しかし、今は柱や壁が直下していない家がたくさん建っています。1階のリビングを大開口の窓にして壁をスカスカにしたら、2階の柱や壁を支えるものがなくなります。ところが、ハウスメーカーには直下率20％という住宅があり、住宅性能表示制度に準じた耐震等級3を謳っています。直下率は建築基準法では定められていないので耐震基準には該当しません。直下率が20％の家に住むとなれば直感的に怖いと思うはずです。

『なぜ新耐震住宅は倒れたか』（日経ホームビルダー）によれば、計算上は等級3に近かった家が熊本地震で倒壊したのは、柱の直下率が47・5％、耐力壁は17・8％しかなく、耐力壁の直下率が小さかったことが要因ではないかと推測しています。

建築の知識もないままに「窓を大きくしたい」「1階に大開口がほしい」というと、設計者はそのまま図面を引きます。計算上の辻褄は合わせられるので、耐震性を犠牲にした壁と柱が直下していない家が建つのです。そういう家を望んでいるのはお客様なのです。

地震に強い家と耐震等級がイコールでない可能性については誰も言及しません。自社の工法で窓を大開口にしたいがために直下率については触れないのではないか。大手ハウスメーカーで構成される業界団体は、多額の献金を行って政治に強い影響力を持っています。現在の住宅性能表示制度は、商品の規格化や工業化を推し進めるルールですが、これはハウスメーカーがもっとも得意とする分野です。この手の制度は常に誰かの利益につながっていると思っています。関係する社団法人をつくって、既得権益者が有利になっている。僕が耐震等級よりも直下率を重視している理由はここにあります。

国民の安心安全に本当に必要な直下率や気密についての基準は存在しません。しかしこれ以上、ルール無用の工法をはびこらせてはいけません。リスクを負って被害をこうむるのはお客様です。国はいよいよ建築基準法で工法の基準を定めるべきだと思います。法律を少しずつ変えていかなければ、日本の家は真の意味でよくならないでしょう。今後起きると想定される大地震に対しては、なにがどの程度の実効性を発揮するかは誰にもわからないのです。

1000軒の家を建ててわかったこと

家づくりに携わる場合、かかわり方は人それぞれですが、注文住宅の現場であれば普通は年に数軒でしょう。10年やっても50戸ぐらいだと思います。「家を1000軒建てた」

という人は聞いたことがありません。僕は住宅業界に入って、30年を待たずに１０００軒以上ですから、かなりの数を建てたと自負しています。

なぜこれだけ多くの家に携わることができたのかというと、建売住宅をまとめて１００戸など手がけてきたからです。デベロッパーの事業部が担当するような規模のプロジェクトだと、通常の設計者であれば多くて20戸の図面を引くだけでしょう。

僕は土地の割り方から、接道、どういう街並みにするのかを考えて、すべての家にそれぞれの価値を持たせて設計していました。外観デザインから間取り、外構計画まで含めてすべて考えて建てるので責任は重大です。１００戸ともなれば１００戸のプランをつくっては練り直し、全面的にかかわります。膨大な作業ですが、妥協をせずにやりきると街はものすごくよくなります。

街を俯瞰して価値を高めていく作業は、ありとあらゆる家を建てた経験が必要になります。僕は建売住宅や狭小住宅、３階建て、大邸宅などの図面を引いてきたので「こうすれば正解」という答えが頭に入っています。もちろん現場に立つということも重要です。高低差のある土地ではどういった擁壁が必要で、どう施工してどの程度の費用がかかるのか、敷地を見るだけで予算と図面が頭に浮かんできます。家は、建てれば建てるほどわかってくることがあるのです。

僕も駆け出しのころは分業で仕事をしていました。一緒にやっている住宅会社が思考停止状態だったので、「僕がやります」と手を挙げていました。建築現場に立ち会う人もいなかったので、図面を持って全戸をチェックします。当時、朝いちばんから現場に入る設計者など前代未聞だったと思います。

多くのハウスメーカーでは分業にしてきたことで結節点に大きな欠落が生じます。営業部員は建築を知らず、設計者はお客様の気持ちを知らず、下請けの工務店はやりがいを失っている。そのすべてに携わってきた僕の知見と、彼らの経験には大差が生じていることは言わずもがなだと思います。

押村知也の三か条

お客様のなかには、よく勉強されている方がいらっしゃって、断熱や気密など家の性能について一家言あったり、動線に優れた間取りについてよく調べていらっしゃいます。機能的な家であることは最低条件です。繰り返しになりますが、家というものは、そのうえで美しくなければなりません。

なぜ、僕がここまで美しさにこだわっているかといえば、「美」は人間にとって好ましい感情だからです。人間は好ましいものを大切にします。大切に30年も使えばヴィンテージになり、１００年経てばアンティークになります。

ヨーロッパの高級ブランドがなぜ価値あるものとして確立しているのかというと、歴史とともに培ってきた信頼で成り立っているからです。彼らは時を経た歴史のあるものほど価値があると考えています。日本の皇室に特別な敬意を抱いているのも、ヨーロッパのどの王室よりも歴史が長いからです。彼らがつくるバッグも腕時計もジュエリーも家具も美しいからこそ経年して「ブランド」として信頼されているのです。家も同じです。

ゆえに僕は一度建てたら１００年、２００年と歴史を紡いでいくデザインの家を手がけていきたい。そのために必要なメンテナンスの仕組みも備えておきたいのです。

今はその定番となるべき家を建てています。外観はもう10年以上、数あるなかから同じデザインを踏襲することで「押村の家」とわかるようにしています。外観のデザインや外構については必ず僕の意見を取り入れてもらっています。植栽のない家など考えられないので必ず木を植えるようにしています。お客様の判断には委ねません。

建てた瞬間がもっとも美しく、経年するごとに価値が減っていく家など建ててはいけません。外観、エクステリア、街並みなど、すべてを含めて「経年美化」していく建築。経年美化とは文字どおり、年を経るごとに美しくなっていくという言葉です。侘び寂びを知っている日本人からすれば感覚としてわかりやすいと思います。苔むした石などは、まさに年月を経た美しさでしょう。僕が建てた家が増えれば、美しい街も広がる。そう信じて家を建て続けています。

家の美しさは近年、注目されているSDGsにもつながります。20年で家を建て替えるという発想は莫大な産業廃棄物を生み出しています。スーパーのレジ袋をいくら節約しても追いつかないでしょう。これが60年もつ家ならば、単純計算で廃棄物は3分の1ですみます。100年もつ家ならば、5分の1です。

家はどんどん建て替えたほうが、経済が回って国は豊かになる? 本当にそうでしょうか。イタリア人の生活を思い浮かべてみてください。彼らのGDPは日本の半分程度ですが、あくせく働いている様子はないにもかかわらず、別荘でバカンスを過ごし、四六時中家族と食事をともにしているイメージがあります。なぜか? 世代ごとに家を買い替えないからです。祖父も父親も子どもも、同じ家を引き継いでいくから、住居費用を自分たちに使えるのです。本来、資産とはこういうものです。

と、ここまで述べてきた要諦を三か条にまとめました。具体的には「チェンジザスタンダード」「メイクノスタルジー」「インテリアファースト」からなる押村知也の三か条です。

家は、人類があらゆる土地でつくり続けてきながら、いまだに理想の住空間は定まっていません。毎日、家のことを考えている僕らのようなプロであってもすべてをつかみきれていません。初めて家を建てるお客様は言わずもがなです。

家を建てるには、まず指針となるコンセプトが必要になります。僕が提示する三か条は、そのために存在します。お客様は、間取りではなく、生活、暮らしをイメージしてください。どう幸せになっていきたいのかを考えながら、迷ったら三か条と照らし合わせてみてください。きっと進む方向が見えてくると思います。

「チェンジザスタンダード」常識と慣習を疑え！

本項ではより具体的な家づくりのアイデアや考え方をお伝えしていきます。僕の家づくりのコンセプトは「チェンジザスタンダード」「メイクノスタルジー」「インテリアファースト」の三か条からなります。この3つの指針をもとに暮らし方と向き合っていくことで、よりよい家づくりができるようになると思います。

早速、「チェンジザスタンダード」から始めましょう。スタンダード（標準）をチェンジ（変化）しよう。「新しい常識をつくろう」ということです。

日本人は変化を嫌い、保守的な国民が多数を占めるということに異論はないでしょう。それが功を奏した時代もあるので一概に悪いと言うつもりはありません。しかし、一度ルールが設定されると、順守を通り越して固執するきらいがあります。ダメだと気づいても方向転換ができないのです。

ハウスメーカーが、悪例であっても踏襲するのはビジネスのためです。しかしお客様まで「こういうものか」と現状を肯定してはいけません。ダメなものは選んではいけない。

お客様にとって家は人生一度の買い物で何軒も建てる人は稀です。一回の経験で相応の知見を積むのは難しいでしょう。とはいえ、もっと健康的で、もっと快適な暮らしが実現できるなら、どんどん現状を知るべきです。これが僕のひとつ目のルールです。

日本の先例がいかに非常識であるか、その筆頭は窓のサッシです。今でこそ、新築ですべての窓がアルミサッシという家はローコストメーカーだけですが、ハウスメーカーであっても樹脂とアルミの複合サッシが標準仕様で、樹脂サッシはオプション扱いです。

樹脂サッシ工業会によれば２０２２年度の新築住宅の樹脂サッシ普及率は29％で、依然として複合サッシが63%と多く、アルミサッシもまだ8%を占めています。世界に目を転じれば、アメリカの普及率は67%、ドイツは60%、韓国に至っては80%を超えています。

海外でアルミサッシが使われないのは熱貫流率が高いからです。アルミは樹脂の100倍程度、熱を伝えます。つまり、夏は外の暑さを室内にダイレクトに伝え、冬は外の寒さをそのまま家に呼び込むのです。断熱性能において窓やドアといった開口部が占める割合は大きく、冬は暖かい空気の50%が窓から逃げ、夏は暑い空気の70%が窓から入ってくると言われています。窓が家の断熱性能を決めています。

日本人は、冬の窓は結露するものだと思っているでしょう。しかし、樹脂サッシを使えば、地域や条件にもよりますが結露しにくくなります。

また、冬場に暖房をつけても足元が寒いという家があります。暖気は軽いので上昇し、窓辺で冷やされた空気は下降して溜まります。この物理法則に加えて、窓の断熱性能が低いと外気が室内に伝わりやすくなり、その繰り返しでコールドドラフト現象が発生してしまうからです。この「すきま風」とも呼ばれる現象は、窓の断熱性能を上げない限り、いつまでも解消されずに足元は冷えたままになります。

したがって高緯度にある海外の国々や日本の北海道では、多くの場合、断熱性と気密性に優れた樹脂サッシを用いています。僕が建てる家は、もちろんすべて樹脂サッシです。と、ここまで聞いて、なぜ日本ではアルミやアルミ樹脂の複合サッシが流通し続けているのか不思議に思うでしょう。

アルミの歴史は、戦前にまで遡ることになります。20世紀初頭にジュラルミンなどのアルミ合金が開発されると、航空機など軍需としての用途が急拡大します。政府は、アルミ産業を許可制にすることで、官民一体となって国防に協力させる生産体制を確立させました。敗戦によって生産は落ち込みますが、家庭用品から再び工業用品として需要が高まると、１９７０年代には世界第３位となる生産量を誇るまでに復活しました。

アルミ産業は北陸の富山県が中心です。アルミの精錬には大量の電気と水、ボーキサイトを輸入する港が必要なため、その条件を満たす富山県で栄えたのです。アルミサッシと聞けば思い浮かべるＹＫＫの生産工場や、三協立山の本拠地も富山県にあります。

軽量で操作性の高いアルミサッシはスチールや木製に代わり、１９６０年代に急増した公団の建築ラッシュとともに普及したとも言われています。産業があればそこには必ず多くの生活者がいて既得権益となるため、方向転換することは難しくなります。

建材メーカーだけでなくハウスメーカーも同様に、従来品から建材を変えていくことは新たな設備投資が必要になるので不得手です。住宅の技術革新は驚くほど遅く、常に旧態依然です。アルミや複合サッシを主力商品として扱ってきたので、宗旨替えして樹脂サッシの優位性を伝えることが難しいといった事情もあるのでしょう。

もちろん樹脂サッシにもデメリットはあります。重量があるのでデザインの自由度が制限されます。大開口の窓は複合サッシでしかつくることができません。お客様はＹｏｕＴｕｂｅのルームツアーなどに出てくる大きな窓に憧れて注文住宅を建てに来るので、「樹脂サッシしか扱っていないのでできません」とは言えないのです。

この一事をもってしても、住宅業界という巨大産業のなかで、方向転換することの難しさがわかるはずです。ガソリン車は、いきなり電気自動車にはならないのです。

アルミサッシや複合サッシを樹脂サッシに交換することは、チェンジザスタンダードの代表格です。ほかにも、床暖房、浄水器、空気清浄機といった住宅設備や、ＬＤＫといった間取りの定義にもチェンジザスタンダードは及びます。

床暖房はガス式の温水でＬＤＫだけでなく脱衣室にも設置します。樹脂サッシを併用することによって温度差によるヒートショック、血管に悪影響を与える死亡事故はかなり減らすことができます。

空気清浄機は天井にビルトインすることで、常に外部から侵入する汚れた空気を入れ替えます。

浄水器は標準ですべての水道水をクリーンにするオール浄活水方式を採用しています。つまり、家のなかで使う水、お風呂、トイレに至るまで、すべて浄水を使うことができるようになります。また、LDKというリビングを中心とした間取りは現在の暮らしかたに合っていないのでアップデートする必要があります。これらに関しては、第二章で説明していきます。

僕は古典趣味あるいはアンティーク好きだと思われているのですが、最先端の技術や設備、発想が大好きです。新発売された家具や家電は、こと細かにチェックします。おそらく西日本でガス式の衣類乾燥機「乾太くん」をもっとも多く採用しているのは僕だと思います。要するに、暮らしをよくするものはすべて好きであって、新旧や国内外は問わないのです。暮らしをよくするものはなんでも取り入れていく。逆にそうでないものは排除する。日本の環境に合った最良の家づくりのために、思考停止に陥ることなく常にアップグレードさせていくことが、僕のチェンジザスタンダードだといえます。

「メイクノスタルジー」資産価値を高める建築

三か条の2つ目はメイクノスタルジーです。直訳すれば、「郷愁を生み出す」ということ。長く残るものというのは、普遍性と懐かしさの両方を併せ持っています。普遍性だけでは足りない。そこに郷愁が加わることで、人間は受け継ぎたいという感性が働くのです。日本の家の外観には流行があります。時代によって新しい建材が生まれては採用されるので、外観によって建てた年代がわかります。現在の流行でいえば、窯業系サイディングを外壁に使った四角い家といえばいいでしょうか。

とりたてて思い入れのない洋風デザインに普遍性はおろか郷愁もありません。そもそも新築時にもっとも価値がある家は、経年とともに古びていきます。これがもし100年以上も家族や誰かが使い続けるのだとしたら、はやりのデザインを採用して家を建てるでしょうか。もっと時代を超えて愛せるものを選択すると思います。

欧米の古きよきもの、日本の郷愁を誘うもの、それらを通して愛着を生み出してくれるものを「メイクノスタルジー」と呼んでいます。持ち家に世代を超えた美しさを持たせることは、資産価値を高めることにもつながります。

ただし、単に西洋風のクラシカルなデザインを模しているわけではありません。例えば、地震が多く、夏は多湿の日本において、西洋のレンガや石造りの家を取り入れることは難しいでしょう。海外の文化であっても日本に合うように換骨奪胎し、日本の伝統であっても現代に生きるよう温故知新として取り入れていきます。

僕は、「戸」の文化だった日本と「窓」の文化だった西洋を折衷させるものとして蔵を発見しました。日本にはいくつもの蔵の町が残っていますが、あの街並みは時代を超えていく力が宿っていると思います。じつに美しい。

外観や外構に加えてもうひとつ重視しているのが「灯り」です。日本の家はとにかく明るすぎます。人間の瞳は日射しに合わせて発達してきたので、日本人の瞳の色は濃く、眩しさに強いという遺伝があるとはいえ、室内のシーリングライトは明るすぎます。欧米で蛍光灯といえば、事務所や工場で使用する作業用のもので、住宅のなかでは使いません。とくに西洋人は瞳が青や緑など薄い人が多く、蛍光灯などの明るさを嫌う傾向にあります。そういった肉体の違いこそあるものの、僕がもう一度取り戻したいと思っているのが、明治や大正期における日本の灯り文化です。

日本人は光に対してとても繊細な感性を持っていました。古い日本家屋やお寺などは、扉から光は入ってきても、直射日光は入ってこないつくりになっています。障子は光を和らげ、行燈は部屋の隅を静かに照らしています。

灯りは、室内すべてを明るくするものではありません。光源を点在させて壁や天井を照らし、その陰影によって奥行きを生み出す。明るい場所もあれば、暗い場所もあるからこそ美しいのです。この淡い光にもきっと郷愁を感じることだと思います。灯りについては、本書に一項を設けて説明します。

メイクノスタルジー、次項で述べるインテリアファーストを掲げるからには、僕は室内のデザインも手がけるようにしています。いろんな現場を見て、プロがやるべき仕事だと思っているからです。プロがやるからには隅々までこだわりたい。三か条はその宣言でもあります。

「インテリアファースト」家具から決める新しい設計方法

三か条の最後はインテリアファーストです。

ほかの設計者とはもっとも異なる考え方であり、僕にとってはすべての基準になっている指針です。機能的で美しい家という、家づくりにおける目的に直結しているからです。

インテリアファーストとは、まず初めにインテリアについて考えるということです。使うものから家を設計していきます。普通の設計の順序でいえば、間取りを決めてそこに収まる家具や家電、インテリアを配していきます。僕の場合は逆で、使うものを先に決めてから間取りを考えるという設計方法を取っています。

例えば、僕が重視している家具にダイニングテーブルとソファがあります。先にテーブルやソファを決めてからどう使って暮らしていくかを考えるので、家具が起点になって間取りを決めていくことになります。反対に間取り先行で図面を引いていくと、家具のサイズはあとからいくらでもごまかせてしまいます。

よくある例が、幅120cm×奥行き70cmのダイニングテーブルを4人掛け用として配置したり、二人用に見えて実は一人しか使えないソファをリビングの真ん中にアイランド状に置くことです。図面上では収まって見えますが、食事中は隣の人のヒジが当たります。ただ4人家族が座れるだけで食事の動作が考慮されていません。ソファ周りには無駄な通路が生まれています。

ダイニングテーブルは4人掛けであれば180cm以上が基本で、後ろを人が通ることを想定して椅子を引くスペースは120cmほど取っておきたい。ソファは壁付けが基本です。

いくら平面では収まって見えても、人間が座って立って歩いてといった動作を考慮していない図面が世の中にはあふれています。

そもそも先に部屋の畳数を決めて、家具を配置していくという設計はおかしいと思ってください。ハコのサイズだけ決めて、主体である人間が置いてきぼりです。それよりも、暮らしの真ん中にキッチンをつくって、動線がよくなるようにダイニングテーブルとチェアを置く。暮らしかたと家具を一緒に考えることで生活の快適度を劇的に変化させます。

本来、家具や装飾は家と同じように世代を超えて使っていくものです。ニトリやＩＫＥＡで買って引っ越しのたびに使い捨てるのではなく、いいものを大切にしながら修繕して伝えていくものです。金額の多寡ではなく暮らしに対する価値観の問題です。これは欧米に限りません。日本でも、箪笥や引出し箱などは何代も受け継いでいく家具でした。本当は今でも使えますが、洋風の家に合わなくなったので消えていっただけです。

家というのは、大きく分けると建物とエクステリア、それにインテリアで成り立っています。この３つを同じ人間が共通のコンセプトで考えるべきです。設計者が図面だけ引いて、コーディネーターや外構業者が後を引き継ぐというのはおかしい。ちゃんと意思疎通しているプロの集団であればまだしも、多くの場合は、慣例で選ばれているだけです。

現実的な話をすれば、どんな人でも予算には限りがあります。とくにインテリアファーストに関していうと、僕がお勧めする家具や装飾は価値もあるがお値段も張ります。後述しますが、テーブルやソファは海外で使われている大きなサイズを選びます。なにを優先すべきかお伝えしていくので、検討する際に念頭に置いてほしいと思います。

第二章

「暮らしやすさ」はプロがつくる

「ＫＤＬ」キッチンダイニングリビングという新発想

ここからは、いよいよ具体的に家のポイントについて解説していきます。

僕は、家の根幹はキッチンだと考えています。生活にもっとも密接にかかわるキッチンを家の中心に置くことで、人が集まる空間を創り出したい。これを「ＫＤＬ（キッチンダイニングリビング）」と呼んでいます。従来のリビングを中心としたＬＤＫという間取りではなく、家づくりにあたってキッチンを優先させていくという明確な意思表示です。

従来のＬＤＫという発想・定義はリビングを中心とした間取りのつくりかたです。しかし、現在は暮らしかたが変わり、実態からは乖離することが多くなりました。例えば、来客があった際に、応接間という空間はすでにありません。多くの場合、リビングで代用して応接することになります。リビングにはテレビとソファがあり、センターテーブルを置いている家もあるでしょう。しかし、お客様をお茶でもてなし、夕食を共にすることを想定すれば、ダイニングで接したほうが便利ではないでしょうか。間取り先行の設計者はまずリビングの畳数を決めると言いました。そうではなく、キッチン、ダイニング、リビングそれぞれの目的を明確に定義して、役割をアップデートしておくべきなのです。

具体的にいえば、キッチンは家族とコミュニケーションを取る場だと定義しています。一方、ダイニングはお客様を応接することも想定した社交の場、リビングはテレビの視聴や読書、スマホのチェック、時にはソファで昼寝をするなど個々人がプライベートゾーンとしてすごす場だと考えています。従来のＬＤＫにおけるリビング至上主義は、そもそも目的すら曖昧なのでもはや用を成していません。もちろんＫＤＬは同じエリアにあっても構いませんが、目的はきちんと区分けして設計すべきです。

その中心となるのがキッチンです。キッチンは家族とコミュニケーションを取る場です。その場を家の核に据え、ダイニング、リビングをつくっていきます。僕がこの「ＫＤＬ」という発想に至ったのには、いくつか理由があります。もっとも多くの影響を受けた原点は、前述したように16歳のころにロサンゼルスに1か月ほど滞在したときの思い出です。その家では、料理上手な叔母がいつもキッチンで手料理をふるまっていました。もちろんアメリカなので日本と比べて広い空間でしたが、家族はいつもキッチンに集まる。朝はコーヒーを飲みながら今日の予定について話し合う、帰宅してからは叔母の料理をつまみながら学校でのことや仕事で起きたことを報告し合います。日常の憩いの場は、リビングでもダイニングでもなくキッチンだったのです。

こうした風景は当時の僕にとって衝撃的でした。キッチンといえば台所なので料理をするだけの場所、食事は決まった時間に全員揃って黙々と食べるものだと思っていたからです。僕は生活の基本はキッチンにあることを痛感しました。

ちなみに、アメリカの家ではダイニングルームは来客の際に使うもので、家族の食事はもっぱらキッチンで取ります。自然とキッチンに家族が集まり、コミュニケーションを取る。日本でもそういった場をつくりたいと猛烈に思いました。そのためにキッチンを主体にした家づくりを始めて現在に至っています。

日本では歴史的にキッチンを家の奥まったところに配置する文化がありました。多湿な環境において炊事場は湿気がとどまりやすいので、なるべく母屋に入れないという工夫があったのだと思います。炊事をするかまどは土でできた土間に置かれ、まさに作業場でした。その延長線上には女性が奥にこもってひたすら炊事をするという慣習もありました。しかし日本人の意識も家のありかたも時代とともに変わりました。キッチンはオープンになり、家族全員が集う場所になったのです。

と、ここまで聞いて「キッチンを大切にするなんて、どこのハウスメーカーも言っている」「家の決定権は奥様が握っているのでキッチンを充実させるのは当たり前」と思われる方がいるかもしれません。しかし、そういったキッチンのグレードを上げさえすればいいものができると勘違いした、従来の営業方法とはまったく異なる提案をしているのです。僕はキッチンをコミュニケーションツールだと考えています。単に料理を作って提供するだけの場所ではなく、家族みんなが集まり、会話し、笑い合える場所にします。キッチンに家族が集う姿を想像してみてください。きっとみんなが笑顔ではないでしょうか。

「キッチン①」家族が集うアイランド

さて、ここからさらに僕がもっとも重視するキッチンについて詳述しましょう。お客様から採用してよかったと褒められることが多い自慢のキッチンです。キッチンは家事でも使う頻度が高く、家具や電化製品とは異なり、買い替えることが難しい設備でもあります。予算に合わせて優先順位を決めて採用を検討してください。

キッチンにおいて重要なことは、人が集まりやすく、料理をしやすく、片付けやすく、美しく保つのが簡単であることです。

そのためにアイランドキッチンを採用します。僕自身は壁付けのキッチンや、カウンターキッチンなどを使った経験があり、かつ、あらゆるタイプのキッチンをつくってきました。その最終結論がアイランドキッチンなのです。その名のとおり、島のように独立しているキッチンで壁には一切接していません。従来の壁付き型キッチンや、ペニンシュラキッチンのように一部でも壁に接すると、かつての日本の台所と同じように閉塞感が生まれ、ダイニングやリビングから隔離された見えかたになります。また、カウンターキッチンのように、手元が腰壁で隠され、上部に吊戸棚があると、一見、オープンなようでいて、実はそうではありません。せっかく調理をするという美しい行為が周囲から隠されてしまうのはナンセンスだと思います。

キッチンがオープンで、料理する姿を見せられる暮らしであれば、子どもは必然的に料理に興味を持つでしょう。そういった姿を親が子に見せるというのも教育の一環だと思います。たとえ子どもがいない家庭であっても、料理をする人の姿を見て食べる食事というのはより一層美味しさが増すのではないでしょうか。キッチンに立つ人をとにかく孤立させない。これがアイランドキッチンのもっとも重要なポイントになります。

先述したカウンターキッチンやほかのキッチンでは、行き止まりが発生しやすくなります。行き止まりがあると、テリトリー感も出やすくなります。どうしてもキッチンが「奥様のもの」になってしまう。それはそれでいいのですが、家族が三々五々集まってくるコミュニケーションツールとしてのキッチンの機能は弱まってしまいます。アイランドキッチンの魅力は、なんといっても自由に動線が確保できることです。気軽に回遊できるスペースだからこそ、家族が集まる場所になるのです。

壁から独立したアイランド型にしてカウンターを設けることで人が集うキッチンを目指します。キッチンカウンターとは、天板をカウンターとして利用するためにスツールを置けるスペースを設けたものです。I型の通常の天板の奥行きは65cm程度ですが、１００cm以上とすることで40cmをカウンターとして使います。ダイニングやリビングとは別に家族が座れるスペースをキッチンに設けることで、キッチンは炊事や調理だけの設備ではなく、コミュニケーションの場として生まれ変わります。

前後左右がオープンになっているので、例えば調理中であってもカウンンターに座れば会話ができるようになります。ダイニングから冷蔵庫へのアクセスも容易なので、調理する人の邪魔することなく取り出せるようになります。

ちなみに幅は、コンロ、作業台、シンクを備えたもので通常のサイズ感でもある２m50cmあれば十分です。奥行きが通常よりあるため、かなりゆとりのあるサイズになると思います。高さについては標準で90cmとしています。海外では１００cmが普通ですが、使う人

キッチンの立体図

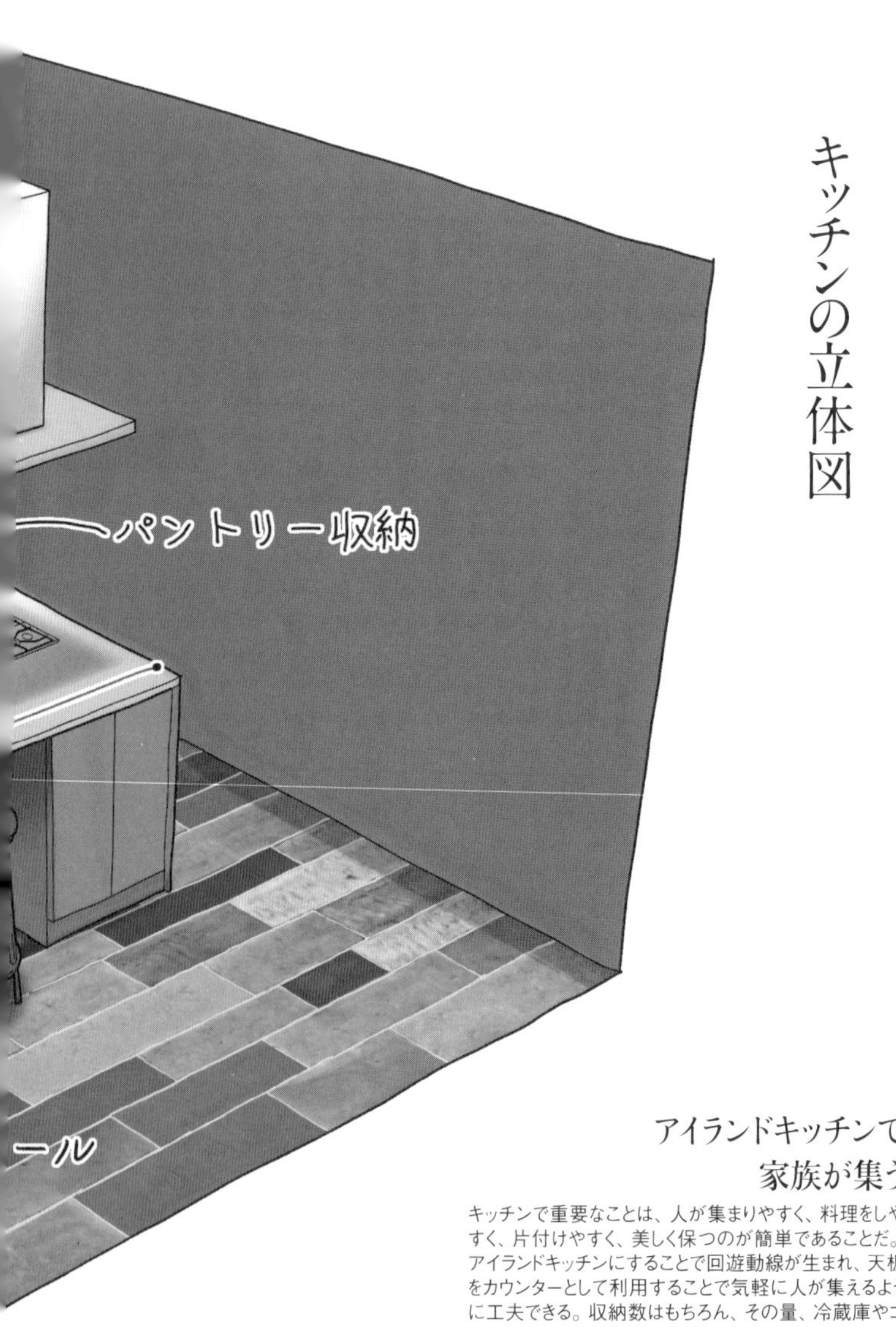

アイランドキッチンで家族が集う

キッチンで重要なことは、人が集まりやすく、料理をしやすく、片付けやすく、美しく保つのが簡単であることだ。アイランドキッチンにすることで回遊動線が生まれ、天板をカウンターとして利用することで気軽に人が集えるように工夫できる。収納数はもちろん、その量、冷蔵庫やゴミ箱の位置まで計算して設計する必要がある

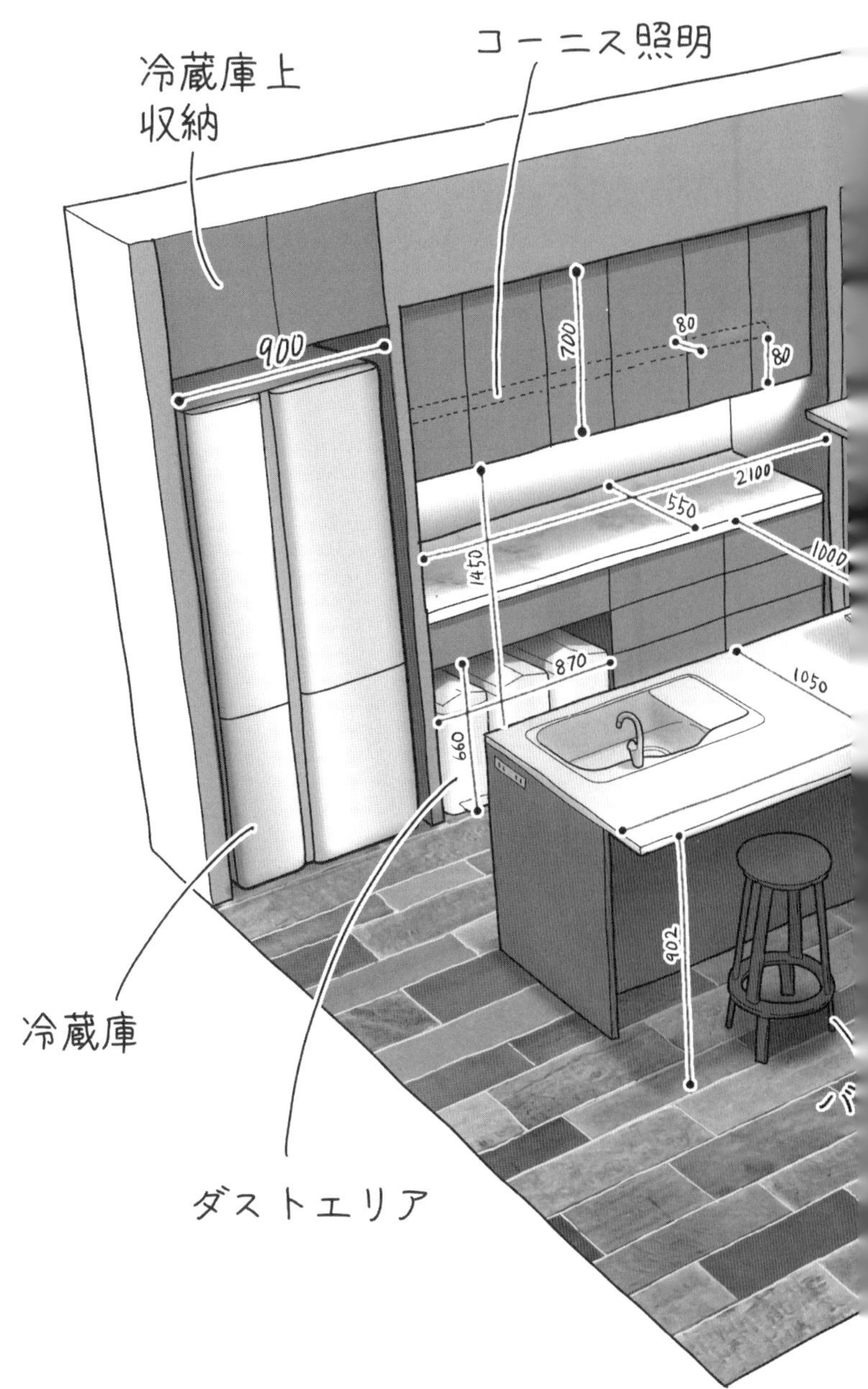
コーニス照明
冷蔵庫上
収納
900
700
80
80
2100
550
1000
1450
870
1050
660
902
冷蔵庫
ダストエリア

の身長が155㎝以上あるのであれば90㎝以上が使いやすいと思います。

ここで重要なことは、キッチンにおいてもインテリアファーストの考えかたに基づく必要があるということです。100㎝以上×250㎝の天板のあるキッチンで前後左右に人が通れるスペースを設け、かつ背面にはカップボードがあります。これを設置するには、人がどう動くのかを想定しながら、許容できる空間のサイズをいちばん最初に設計する必要があります。リビングの畳数を決めて、ダイニング、キッチンを慣例で決めていく従来のやり方では絶対にできない設計だと思います。

「キッチン②」機能性と清掃性を両立させる工夫

キッチンにおいて重要なことは、まず人が集まる場にすることだと述べました。次に設備として考慮すべきは、料理がしやすく、片付けやすく、美しく保つのが簡単であることです。この3点に関して試行錯誤を重ね、現時点でベストだと思う仕様があるので、ご紹介いたします。

料理のしやすさで考えると、コンロは4口がお勧めです。4口コンロすべてに点火して調理するケースは少ないですが、調理中に鍋やフライパン、やかんをいったん置いておく場所だと考えると、その使い勝手のよさは容易に想像できると思います。

コンロの天板、トッププレートはステンレスがお勧めです。サビにくいし、掃除もしやすい。プロの料理人は必ず厨房にステンレストップを選んでいます。シンクも同様にステンレスがお勧め。ちなみに、コンロのホーロートップはキズが入りやすく汚れが取れにくい。手荒に磨いてキズがつくとサビが出てきます。ガラストップも汚れが取れにくいです。また天板に凹凸がなく、清掃性やデザイン性を謳っているものは、その一方で、五徳がガタつきやすく不安定になります。調理の際に気になるという方も多いので、実物を見て確認するようにしましょう。

ガスかＩＨかの選択については、好みもあるのでどちらか一択ということはありません。それぞれによさはありますが、どちらがいいかと言われればガスを勧めます。人類の文化は火とともに進化してきました。人類が火を見つけたからこそ、明るさを手に入れ、暖を取り、調理が可能になりました。食物に火を通すことで消化が容易になり、人は、遠くへ移動することを学びました。子どもが危ないからといって火を生活から排除するのは、何か根源的なものを見落としているのではないかと危惧します。火の有用性と危険性を、同時に学ぶためにもガスコンロが家にはあるほうがいいと思っています。

ちなみにコンロに魚焼き器は付けていません。使う頻度が少なく掃除が手間だからです。お客様にヒアリングしても、なくても困らないという話をよく聞きます。電子レンジやフライパンで魚を焼く人が増えていることもあり、要望のない方は見直すといいでしょう。

清掃性を突き詰めた際に達した結論ですが、オイルガードも付けません。オイルガードとは、独立したキッチンのコンロ前に立てる油ハネ防止の仕切り材です。料理中に油が天板にはねるのを防ぐために付けるものですが、オイルガードを掃除するのはとても面倒なものです。雑巾掛けは横の動きであれば体重をかけられるので平易ですが、オイルガードのように上下の動きが必要になると体重がかからないので途端に負担になります。また、身長が低い人だと手が届かず、脚立が必要になり、より煩雑になります。仮に床にはねたとしても、拭き掃除のほうが簡単です。

料理は好きでも洗い物が苦手な方は多いです。現在、キッチン設備において食洗機は欠かすことができない存在になりました。日常の洗い物から解放されることによって、暮らしやすさは激変します。キッチンの快適さを格上げする意味でも、ドイツ生まれの世界最高峰の逸品「ガゲナウ」がお勧めです。

日本で食洗機というと、先に汚れを落とす「予洗い」が必要というイメージが強いですが、ドイツ製ならばそんな面倒はなく、フライパンであろうとキレイに洗えます。電圧100Vが標準の日本とは異なり、ドイツは200Vなので、パワーがそもそも違うからです。屋内配線工事を行って200Vのコンセントを設置する必要はありますが、難しいことではないので検討してみてください。

世界のマーケットで売れている食洗機はほとんどがドイツ製です。ドイツは水道代が日本の約2・6倍ともいわれるほど高いため、水を効率よく使う食洗器が進化してきました。日本より約50年もの長い歴史があり、技術の積み重ねは群を抜いています。

日本でドイツ製の食洗機というとミーレが有名です。しかし、世界的にはガゲナウに軍配が上がります。ガゲナウの食洗機は、ゼオライトという鉱物を使ったヒーターを用い、ランニングコストと時間を節約しています。ステンレスをふんだんに使った見た目もクールでカッコいい。間違いのない逸品です。

最後にチェックしておきたいのは、同時給排型のレンジフードを付けることです。同時給排とは、給気と排気を同時に行うことで室内の負圧を防ぐことができます。排気のみの場合、レンジフードで大量に排気すると室内に圧力がかかり、玄関ドアなどが開きにくくなる現象が起きます。給気を同時に行うことで防止することができます。

「キッチン③」長く愛せるキッチンで楽しく暮らす

キッチンの工夫法はいくらでもあります。その最大のものは心構えです。つまり、キッチンを愛することです。「どうした押村」と言われそうですが、人は美しいものを愛して大切に使います。つまり、キッチンが常に美しいものであれば、気持ちは浮き立ち、料理の腕を振るいたくなります。例えば、それはお気に入りの皿やお椀を集めて使うことにもつながり、切れ味のいい包丁を用いたくなるかもしれません。食器、調理器具、調理家電といったすべてのものを大切にして長く使いたいと思うようになります。

その気持ちは回りまわってキッチンに人を集めます。集まった人は、きっと料理を手伝うようになるでしょう。そういったポジティブな連鎖を生み出すのがキッチンなのです。暮らしが日々よくなるのは家にキッチンがあるからだと僕は思っています。衣食住はすべて幸福度に直結しますが、こと「食」に関して無関心な人は皆無でしょう。そこに団らんが加わるわけですから家族みんなが笑顔になります。

キッチンの根幹をなす天板は、常に人の目につく箇所です。僕はお金のかけどころの筆頭にキッチンの天板を挙げたいと思っています。天板が美しいと、気分が上がります。作業スペースにも使われる天板は汚れにくく掃除しやすいことが重要です。毎日使うので常に美しく清潔であってほしい。

素材は設備メーカーによって人工大理石や人造大理石、天然石、セラミック、モールテックス、メラミンなどがあります。あとは長年、主役を張ってきたステンレスです。

現時点において完璧に近いと思っているのはクオーツストーンです。クオーツとは水晶です。水晶を砕いて樹脂で固めたものがクオーツストーン。なかでも、僕は水晶を90％以上含有したものを使っています。とても硬くて、汚れにくく、日焼けもしません。ほかの素材に比べると値段は張りますが、高級感が抜きんでていてお勧めです。

安易にまがいものの素材や白色の天板を選んでしまうと後悔しかねません。汚れにくく清掃しやすいものを最低条件として、かつ熱に強く変色にも注意したい。そうした観点から次点はステンレスです。サビに強く長持ちして価格も安定しています。表面にエンボスやバイブレーション加工を施せばキズも入りにくくなります。

美しい食器と同様に、キッチンがいつも清潔であれば、毎日の調理や炊事が楽しくなります。キッチンカウンターに愛着があれば人が集まります。なんでも最上級を選ぶ必要はありませんが、天板は毎日、目に触れて、さわるところです。長く愛せるものを選んでください。

「冷蔵庫・カップボード」位置&サイズでポテンシャルを発揮させる

キッチンを快適に使うには、料理がしやすく、片付けやすいことが重要です。その際に忘れてはいけないのは冷蔵庫の動線設計です。冷蔵庫は奥行きのある家電なので、たいてい、キッチンの奥に置かれてきました。また、最近では、生活感を見せないようにと、冷蔵庫とパントリーを隠すようにわざわざキッチンの奥に設計することもあります。しかし、家族の動線を考えるとこれは非常に暮らしにくい。

とくにキッチンがアイランド型ではなく、I型やII型、ペニンシュラ型など壁付けにされ、行き止まりがある場合であれば冷蔵庫はなおさらキッチンの入り口に置くべきです。冷蔵庫の位置が入り口にあるだけで家族の動線は劇的に変化します。

冷蔵庫は家族全員が使うものです。料理をする際に、食材を出し入れするだけではありません。冷蔵庫がキッチンのいちばん奥にあると、動線に渋滞が生じます。キッチンで料理している間に、家族がビールやジュースを取りにくる。取りにくるだけではありません。当たり前ですが、キッチンに入れば戻るので調理している人の背後を二度も通ることになります。これは正直いって邪魔です。冷蔵庫は扉を開閉するスペースも必要なので、入り口に置くべきです。入り口にあれば、ダイニングからでもキッチンでの作業を邪魔することなく取りにいくことができます。

片付けやすさで重要なことは、カップボード（食器棚）を考え抜くことです。造作するか備え付けにすれば棚と壁の間を清掃する必要もなくたいへん便利です。家具店に置いてあるカップボードは、ダイニングテーブルと同様、小さいものが多く、使い勝手はあまりよろしくありません。例えば、天板の幅は１６０cmぐらいのものが多いのですが、現在は炊飯器に電子レンジ、トースター、コーヒーメーカー、電気ポットなどのキッチン家電が

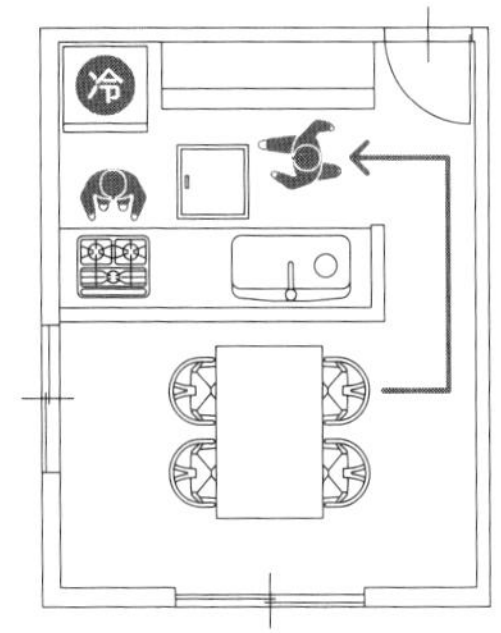

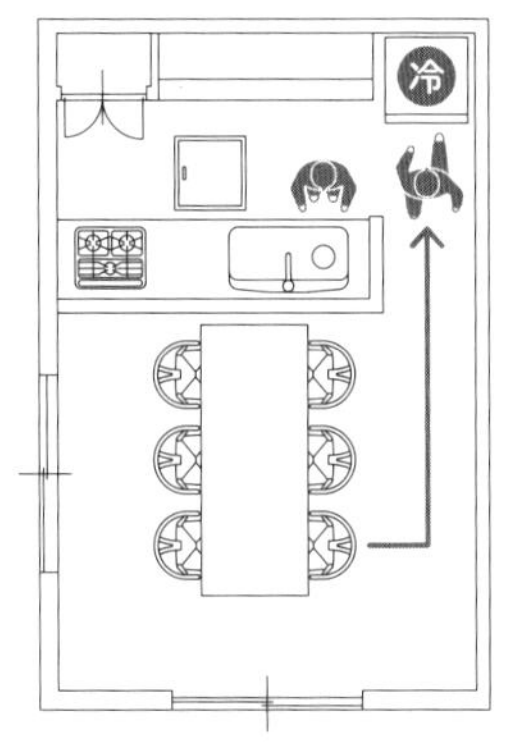

調理の邪魔にならないように冷蔵庫は手前に置く

増えたこともあり、２００㎝はほしい。また奥行きも45㎝が多いのですが、僕が造作する場合は55㎝にします。ここで生じる10㎝によって、炊飯器の前にお茶碗を置くスペースが生まれます。たった10㎝ですが、料理をする際の作業効率は格段にアップします。

また、カップボードを設置する際にはあらかじめゴミ箱の位置やサイズも決めて、カップボード下に収納できるスペースを設計しておきます。「だいたいこのへんに」など、適当にしておくとキッチンの渋滞は解消されません。

キッチンでゴミ箱を使うときは両手がふさがっていることが多いので、引っ張り出すタイプではなく、踏んでフタが開くバラフライ型がお勧めです。なかでも「ＥＫＯ」は、本体の中に取り外せるゴミ箱が入っているので、清掃性が高くてなおいい。ここでも先に使うものを決めておくことの重要性が理解できると思います。キッチンの下を開けてゴミ箱スペースをと取るケースもありますが、キッチン収納が減ってしまうのでお勧めしません。料理で使うものは、キッチンに収納するのが基本だからです。フライパンや調理器具は案外場所を取ります。ゴミ箱スペースはカップボード側に設けるのがいいでしょう。

カップボードは、「食器類はしまい、電化製品は出しておく」という使い方を前提にしています。キッチン家電も全部パントリーにしまい込む人もいますが、使うたびに出し入れするのは大変です。忘れていけないのがコンセントです。最低8個は取り付けましょう。電化製品の数を考えたら、多いにこしたことはありません。

また、吊り戸棚はレンジフードの高さに合わせて設置すると、想像以上に高い位置になるので注意が必要です。吊り戸棚の下端が175cmの位置などに取り付けたら、背の低い方はまず使えません。目安は背の低い方でも手が届きやすい145cmです。

「ダイニング」新しい応接室として社交の場に変貌させる

「KDL（キッチンダイニンググリビング）」を標榜する以上、ダイニングも明確な意図をもって設計します。従来のLDKはもはや用を成していないと指摘しました。用途が曖昧になることで漫然とつくられてしまっている。僕はキッチンが家族の場であり、ダイニングは社交の場、リビングは個人の場であると考えています。その基本設計に従えば、ダイニングは応接間の役割を果たします。つまり、家族以外の人が来たときにも使う場です。もちろん、家族だけでも食事はしますが、他人を招いたときにも使えるように設計をする必要があるということです。

家族が仲むつまじく語り合う、お客様を招いてお茶をし、食事を共にする。夜になれば、ゆっくりと夫婦でワインを傾けてもいいでしょう。そういった格調の高い空間にするために必要なものはなんでしょうか？　ダイニングテーブルとチェア、そして重要なことはその大きさです。

家具の量販店に行って4人掛けのテーブルを探してみてください。120㎝×70㎝のものが売られています。仮に夫婦で探しに行って、隣り合って座ってみる。「ちょっと小さいけど、使えるね」となる。しかしこれは、ただ座れるというだけで、実際に大人二人が横に並んで食事をすれば、ヒジは当たるし、真ん中に大皿を置くこともできません。また、ダイニングテーブルでテレワークを行うこともあるでしょう。ノートパソコンを開き、書類とにらめっこすれば、必ず「狭い！」となります。

親戚や友人家族を招いた際に、大人6人プラス子どもがいるような場合、応接間として機能する広さが必要になります。あらかじめそのサイズ感を想定して設計しないと、ダイニングとしての機能はとても中途半端なものになってしまいます。多くの図面では、適当な大きさのテーブルとチェアが記入されています。これに騙されてはいけません。図面上はこんなものかと思って見過ごしていると、大人6人が座れる大きさのテーブルは置くことすらできない家が完成してしまいます。では、具体的にどれくらいの大きさのテーブルが必要なのか。６人掛けであれば２２００㎝×１００㎝、４人掛けであれば１８０㎝×90㎝です。高さは72～75㎝あると、チェアとのバランスがよくなります。とくに奥行きは重要で、一人30㎝を使うとして、向かい合えば60㎝です。１００㎝あれば、真ん中に40㎝のスペースが生まれるので、大皿はもちろん、鍋をするときのカセットコンロも置けるようになります。これくらいのヒューマンスケールで設計をしておくと、とてもゆったりとした格調高い空間をつくることができます。

チェアの選び方は、椅子の座面の高さとテーブルの高さの差は30㎝がジャストです。もちろん人によって身長も違えば、座高も異なりますが、このイメージをもって椅子選びをしてもらうと大きな間違いはありません。

上質な空間は快適な時間を提供してくれます。会話も弾み、長くそこにいたいと思うでしょう。それはつまり幸福度につながります。

お勧めのテーブルやチェア、天板の素材などは紹介をすればキリがありません。なによりも重要なのはその大きさだと思ってください。大きなテーブルが置けるように設計することを第一に考えましょう。

次にテーブルの置き方です。僕は、テーブルもアイランドに配置したいと考えています。

ダイニングテーブルは回遊できる動線に。短手にはチェア2脚が新たに置ける

要は空間の真ん中に置いてぐるぐる回遊できるようにするということです。なぜかというと、人はずっと座っているわけではないからです。キッチンに行ったり、トレイに立ったり、食事をしながら談笑しながら、人は動きます。テーブルの周りは動きやすいことが重要なのです。では具体的にどう設計するか。それは、人が座っている後ろを人が通れるように考える必要があります。これを椅子の引きしろと言います。

テーブルをぐるぐる回遊できるアイランドダイニングにするための通路部分については、長手側の後ろは120cm取ります。短手側は70～80cmを目安とします。これくらいのスペースがあれば、テーブルを回遊できるうえに、短手には椅子を2脚置くこともできるので、来客があれば8人掛けに増設することも可能になります。

こうしてダイニングは社交の場へと変貌を遂げるのです。テーブルの大きさをまずイメージする。そこからダイニングの設計を始めます。そうすると4m×3・5mは必要になることがわかると思います。大邸宅でない限り、世のダイニングのほとんどすべてがこれより小さいでしょう。なぜならリビング至上主義だからです。しかし僕は、まずキッチンを家の核に据え、次にダイニングを快適にする。リビングはそのあとで十分だと考えています。人が起居するのが多いのは、リビングではなくダイニングなので、天井の高さについてもダイニングをより高く設計しています。

こういった発想は1LDKにお住まいの方であっても同じです。小さいソファとテーブルを置くのであれば、リビングはやめて、大きなダイニングテーブルを置く。ゆったり座れるチェアを置くことで、それは、ソファの代わりにもなるでしょう。そのチェアでテレビを見てくつろぐほうが圧倒的に快適です。余裕のあるテーブル生活を送っていただきたいと思います。

応接間としてのダイニング、人を迎える場所としてのダイニングに定義をアップデートしましょう。人がもっとも多く集まるのはダイニングです。親戚やママ友を迎える場はダイニングなのです。そう考えると、大きさめのテーブルを諦めるという選択はなくなります。人を呼べる家というのは、ダイニングテーブルの大きさで決まると思ってください。

「リビング」プライベートを過ごす場に再定義する

さて、ここまでKDLのKDについて紹介してきました。僕はダイニングを応接間として機能させるように設計しています。では、リビングを設ける目的はなにか？　リビングはプライベートゾーンです。家族がそれぞれ好きなことをする場所です。テレビを見たり、スマホをいじったり、ウトウトしたり。極論すれば、家族がダラダラとゆっくりすごす場所です。まずキッチンとダイニングをきっちりつくって、そののち、余裕があればリビングルームに予算を投じていけばいいと思っています。

ここまでアイランドキッチン、アイランドダイニングを提唱してきました。しかし、リビングの主役でもあるソファだけは絶対にアイランドに配置してはいけません。これは典型的な失敗例となります。それはなぜか。家が大きいお宅であれば問題はないのですが、置けるソファのサイズが必然的に小さくなるからです。アイランドなので前後左右に通路が生まれます。ソファサイズは1m50cm程度のものしか置けなくなります。これは一人掛け用です。

まずやるべきことは、ソファを壁に付けることです。その向かい側にテレビを配置します。最近ではテレビを視聴する習慣のない方もいらっしゃいますので、テレビは置かないという選択でも構いません。ソファをアイランドではなく壁付けにすると、より大きなサイズのソファを置くことができます。ソファは大きければ大きいほどいいのですが、予算に限りがありますので、最低限2m40cm×100cm、横たわることができるカウチソファを置いてもらいたいところ。市販されているソファは奥行き70～80cm程度のものが多くあります。これははっきり言ってソファではなく椅子です。くつろげないので、結果、ソファを背もたれにして地べたに座ることになります。リビングはプライベートゾーンなので、ソファに寝転がってゴロゴロできることが最低限の条件です。その分かれ目はソファのサイズになります。

これまでアイランドソファが横行してきた原因は、リビングの目的が曖昧なまま設計をしてきたからです。リビングから庭に出たい、大きな窓を設けたいなど、それはそれで構いませんが、リビングをどう使うのかを決めずにお客様が要望だけを伝えてそのまま設計者が採用すると、リビングは通路と化します。小さなソファがアイランド状に置かれ、前後

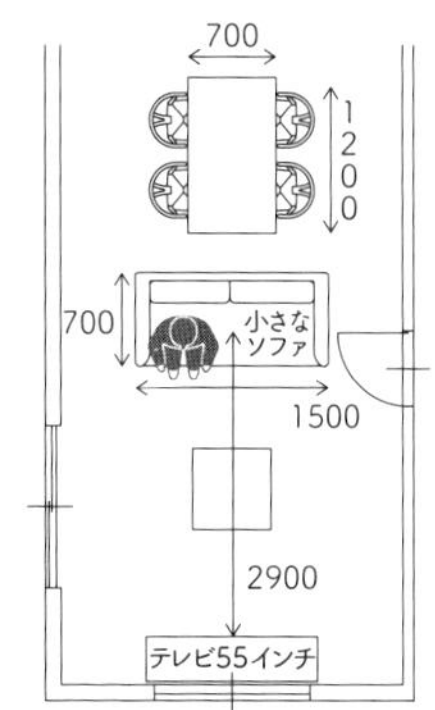

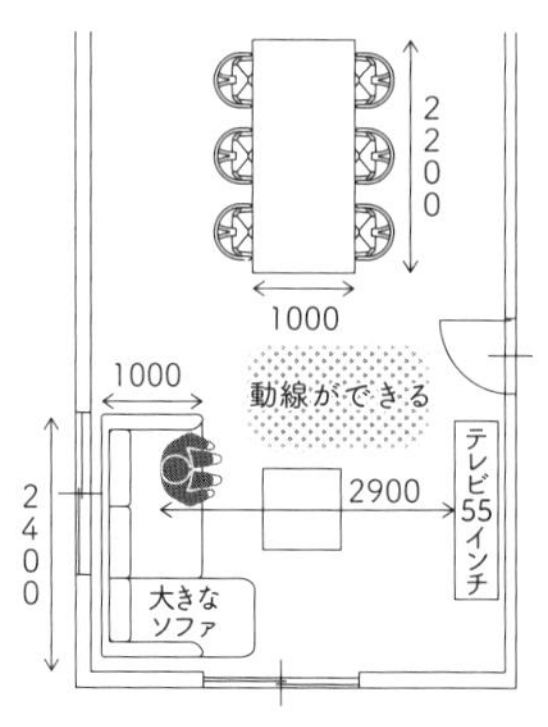

ソファはアイランドに置かないことが鉄則。大きなソファが置けなくなる

左右はムダな通路になります。僕はソファの配置は壁付けにして、後ろに腰窓、横に掃き出し窓、対面は壁にすることが多いのですが、この位置関係さえ守っていれば、ムダな動線は生まれないと思います。

ソファは僕が提唱するインテリアファーストのカギになる家具でもあります。使うソファが決まっていれば配置も決まり、おのずとコンセント、照明の位置まで決まってきます。先に間取りを決めてしまうことの危うさがわかっていただけると思います。

和室で暮らしてきた日本人はソファの有用性を知りません。海外では体を預けることのできるソファこそいいものを使いたいという意識が強く、来日した外国人は日本のソファが「小さすぎる」と嘆くそうです。フローリングで暮らす生活が当たり前となった現代こそ、日本人もソファについて見つめ直すときがきています。使いたいソファを決めてから家を建てる、探すといった発想の転換があってもいいくらい重要な家具だと思っています。

日本人はソファを椅子のように「座る」ものだと考えていますが、本来は「体を預ける」ものです。椅子やベンチのように座るのではなく、体を預けてくつろぐこと自体が目的です。椅子にはダイニングやオフィス、教室で使われているように、それぞれに食事をする、仕事をする、勉強をするといった用途があります。一方、ソファは寝転がってくつろぐことが目的なので、明確な用途はありません。むしろ、腰を下ろしているとついウトウトしてしまうような使われ方がベストです。

また、ソファと椅子の違いは、座るときの姿勢です。ソファに座るときは椅子に座っているときよりもヒザが前に出て、ゆったりとした感じで体を預けます。体を預けるために必要なのは座面の広さです。座面が狭いと全身を預けられず、結果、椅子のように座ることになります。一人分の場所だけ長く伸びたL字形のカウチソファもお勧めです。

リビングにおいて、ソファと双璧をなすアイテムは床に敷くラグです。ラグには、部屋のホコリを吸着させるという明確な目的があります。

１９８０年代の日本では、カーペットなどの敷き物がアレルギーの原因になるとメディアに報じられた時代もありましたが、これは誤解です。昭和・平成世代はこの言説を信じている人も多く、報道以後にフローリングが加速度的に普及していった経緯があります。しかしホコリに関していえば、ラグに吸着させてから掃除するほうが理にかなっています。一方、ラグを敷いていない部屋はホコリが9時間も舞い続けるといわれています。

ラグ選びにはサイズが重要です。ラグの大きさは、そのままリビングの広さにつながるのです。人間は敷かれたラグを見るとリラックスゾーンだと思うので、ラグの部分をそのままリビングだと認識するからです。

よく売られているサイズは1m40cmから1m70cm程度のものですが、思い切って大きめを選んでみてください。硬い床の上では人は寝転がりませんが、柔らかいラグの上では寝転がってゴロゴロしたくなります。感触が柔らかくなれば、それは即ちリラックスできるということです。リビングは応接間ではなく、プライベートゾーンとして再定義し直すと言いました。ソファ以外にもくつろぎのスペースを設ければ、リビングの快適度はさらに上がっていきます。寝転がっていいのです。

形は丸形か楕円形をお勧めしています。四角形は四隅がめくれやすいので、足が引っかかるという弱点があるからです。デザインに関してはフローリングやカーテン、ソファとの兼ね合いで決めることになりますが、単色よりも複数の色をミックスしたほうがシミや汚れが目立ちません。毛足が3cm以上のものをシャギーラグと呼びますが、それぐらいの毛足があってもいいでしょう。素材は高級ウールである必要はなく、季節を問わずに使えるアクリルやポリエステルで十分です。夏場だけ混紡のコットンにするという考え方もありますが、ラグをいちいち交換するのは大変です。交換したラグを片付けるスペースも必要になるので、あまり現実的ではないでしょう。

リビングを最大限に有効活用するために提案しているのがサイドテーブルです。ソファにもたれたまま手が伸ばせるので、天板の低いセンターテーブルのように、体を起こす動作が不要になります。センターテーブルでも構いませんが、ラグのスペースが減ってしまうので、なるべく割かないようにするための工夫でもあります。

サイドテーブルは高さを調節できるものを選んでください。ドイツのＴＥＣＴＡ（テクタ）社のロングセラー「Ｋ22」が唯一の逸品といっていいでしょう。天板は昇降可能で、脚部が「く」の字形になっているので、ソファの脚に干渉することなく差し込むことができます。一度使えば、その便利さに驚愕すること必至のアイテムです。

ちなみにこのＫ22はシチュエーションを選ばずに使うことができます。ダイニングテーブルの横において、ワインを置いたり鍋の具材を用意することも可能です。また、寝室に置けば、スマホや眼鏡を置くサイドテーブルに早変わりします。これほど可変性に富んだ使い勝手のいいテーブルはないでしょう。一家に一台の必須アイテムです。

さてここまで、ＬＤＫをＫＤＬへと再定義しました。繰り返しになりますが、重要なことは使うものから決めていくことです。キッチンはアイランド型にする、ダイニングテーブルは大きなものを選んでアイランド状に置く、ソファは寝転がれるものにする。それが決まってはじめて、コンセント位置や照明位置が決まります。そしてようやく間取りの全貌が姿を現すのです。間取りを決めてからそこに収まる家具を入れるような設計は絶対にやめてください。家というものはあくまでハコであって、中身が重要なのです。中身が充実してはじめて暮らしはよくなっていきます。くれぐれもこの点を勘違いしないようにしてください。

「居室」子ども部屋と寝室は効率的に

「ＫＤＬ」を重視するあまり、子ども部屋や寝室がおざなりに見えるかもしれませんが、そんなことはありません。随所に工夫を詰めこんだ居室を設けています。

子ども部屋の広さは５・２畳がベストです。ＫＤＬ、とくにキッチンダイニングは家具を置くために広さを優先し、子ども部屋は削るべき対象として削ります。なぜなら、子ども部屋は適度に快適であればいいからです。もちろん、もっとも快適な場所はＫＤＬです。子どもにも人格や人権があるので居室は必要です。プライベートな空間、ひとりで考える時間を持つことは成長するうえで大切なことです。ただ同時に家族の一員として、子どもも部屋よりＫＤＬのほうが楽しい場所であってほしい。

子ども部屋は6畳というイメージが定着していて、お客様も「6畳はほしい」という人はとても多いです。ところが、その理由は「とくにない」という。強いて言うなら「4・5畳だと狭い」からです。4・5畳や6畳という広さは畳を組み合わせたときに形が収まるというだけのサイズです。洋室が畳数に引っ張られる必要はありません。たとえわずかな床面積でも建築コストはかかりますから、シビアに考えていきましょう。

6畳と5・2畳の差である0・8畳はクローゼット前のスペースです。クローゼットを開けるときは、扉を開く分のスペースが必要になります。これをオープンクローゼットにすることで0・8畳削ります。たかが0・8畳でも部屋が2つあれば1坪近くになります。KDLを1坪増やすことができれば、暮らしは格段に向上します。

子ども部屋に必要なものはベッド、机、本棚、クローゼットです。部屋を狭くしても完成度は手を抜きません。色は子どもの感覚に影響を与えるので、天井や壁の色にはこだわります。とくに壁は常に視界に入るものであり、部屋のなかに占める割合が天井よりも大きい部分です。子どもの情緒や感情を育むためにも、美しいカラーを選びましょう。

子ども部屋について「大きな部屋を用意しておき、あとで間仕切りをして2部屋にしたい」という相談を受けることがあります。子どもが増えたら、部屋数を増やせるようにし

Bad
6畳はムダなスペースに

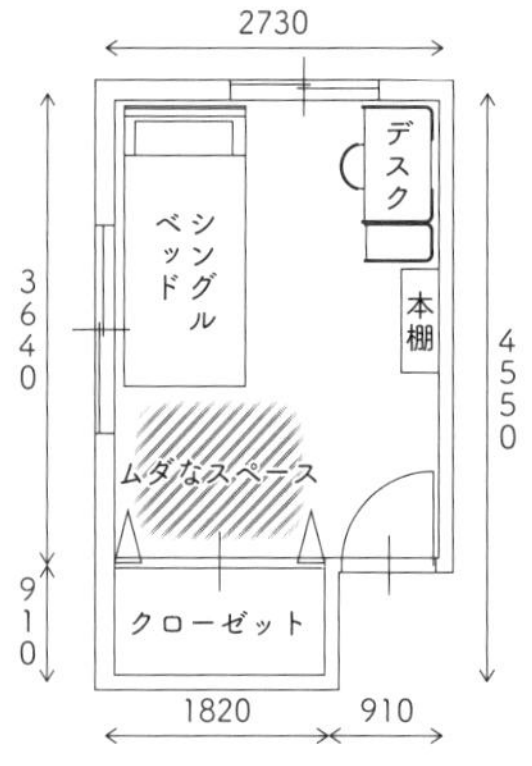

Good
5.2畳でスッキリ使える

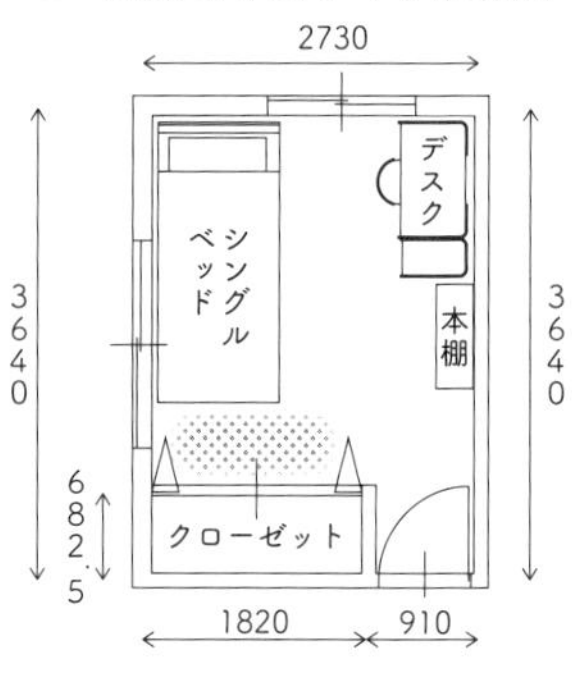

Bad
クローゼットがベッドに干渉

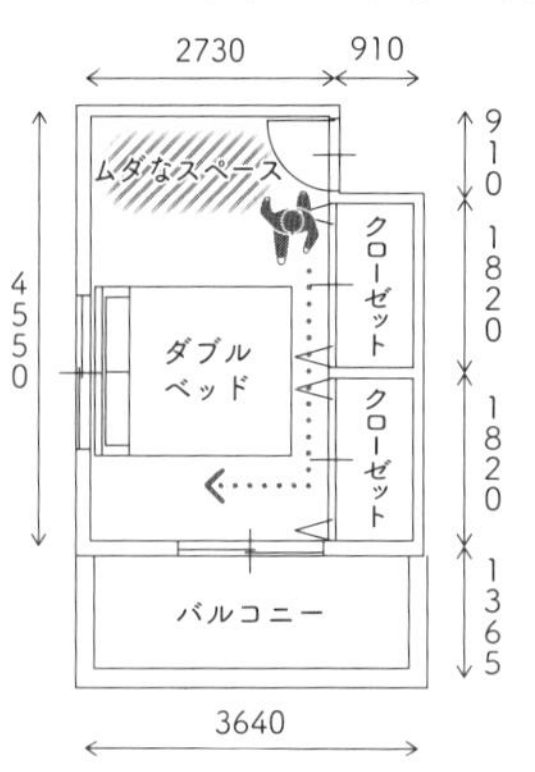

Good
クローゼットが使いやすい

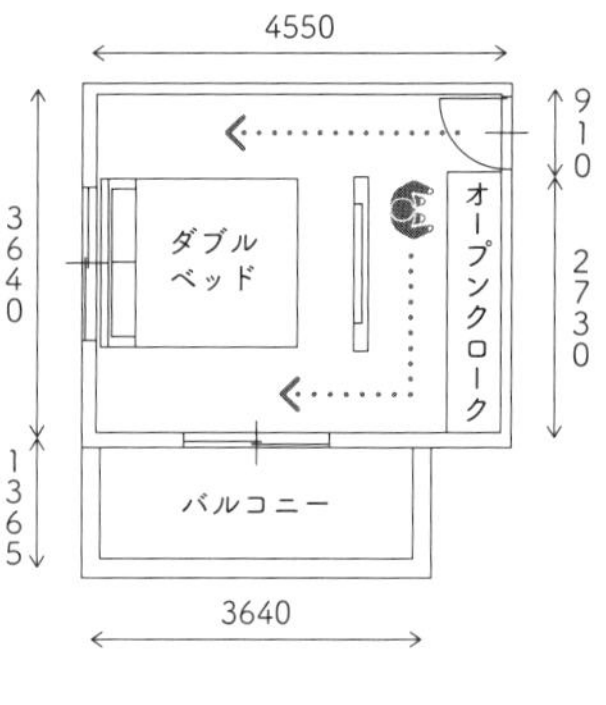

上／子ども部屋はクローゼットを部屋に収めることでムダなスペースを減らす
下／主寝室はオープンクロークを設置することでムダなスペースを減らす

ておきたいという配慮です。家を建てるタイミングは、結婚したときや第1子が生まれたときが多いのでこういった配慮は一見正しいように思えます。しかし、老朽化した設備を入れ替えるリフォーム以外に、家を建てたあとに壁で間仕切りをするケースはほとんど見たことがありません。

時間や手間ひまをかけて本格的な工事をしてまで家の間取りを変えようとは思わないものです。パーテーション程度の間仕切りであれば、結局プライバシーは確保できないので意味をなしません。もし子ども部屋が2室ほしいのであれば、最初から小さい部屋を2つ計画してください。使わない部屋は客間や納戸にしておけばいいのです。

僕はウォークインクローゼットやシューズインクローク、小屋裏収納の優先順位を高くしていません。子ども部屋にもクローゼットをつくり、夫婦の衣類も寝室に収納します。これは後述しますが、「適材適納」といって、収納は使う場所にあるべきだと思っているからです。とくにウォークインクローゼットは構造上、通路が必要になるため、造り付けのクローゼットに比べて床面積をムダにしてしまいます。であればこそ、KDLを広くしたい。この考え方は一貫していて、前述した子ども部屋、トイレや風呂に関しても無駄に面積を広げることはありません。

主寝室はコンセプトに「クラブフロア」を掲げています。ホテルで受けられるサービスがランクアップした客室というイメージです。家のなかでもすごす時間が長い場所なので、いかに快適にしていくか、腕の見せどころと言ってもいいでしょう。

主寝室は10畳取っています。ベッドは、キング、クイーン、ダブル、最近ではシングルを二つ並べるという夫婦もいます。主寝室を無理に大きく取る必要はありませんが、図面のなかにベッドがギリギリに入っているときは注意してください。いざ立体になったときに、人が歩けるスペースが確保されていない場合があります。夫婦で主寝室を使う場合、お互いに両サイドからベッドに入ります。二人とも片方から入るという動線は考えられません。であれば、両サイドと足元側の通路を確保する必要があります。しかし実際にはカニ歩きで通るのがやっとという寝室が多いのです。毎日、朝晩はカニ歩き。暗い部屋のなかでもカニ歩き。これは思った以上のストレスです。

ベッドで重要なのは高さです。フレームとマットレスを足して45～50㎝がちょうどいいと思います。高さを25～30㎝くらいに抑えると部屋が広く見えるといって推奨する人もいますが、僕は賛成しかねます。日常生活で腰を下ろしにくく、立ち上がりづらいからです。部屋が広く見えることと、使いやすいことを天秤にかければ、僕は後者を選びます。

ベッドの予算についてはマットレスにお金をかけましょう。体を預けるのはマットレスなので、フレームを高級にする必要はありません。

クローゼットの扉を開いたらベッドに触れるというケースもあります。もしくは、ベッドとの間に立つスペースがないとか。クローゼットの扉を開くときは、その前に人が立っています。図面上で収まっていればいいというものではありません。寝室は横長や縦長ではなく、なるべく正方形に近くすることで通路を確保しやすくなります。僕がよく採用するのは、扉が付いていないオープンクローゼットです。これを夫婦それぞれに用意します。オープンクローゼットは扉がないぶん収納力が上がります。内容は上部にハンガーパイプ、下部に4段の引き出し収納という形です。

押村流の工夫としては、ベッドとクローゼットの間に壁をつくって、テレビを吊ることもあります。これを「シアターベッドルーム」と呼んでいます。

以上のようにベッド、夫婦それぞれのオープンクローゼット、敷居となる壁&テレビを10畳の部屋に収めるのが、主寝室の基本的な設計です。部屋の短辺に扉とオープンクローゼットを配置。対になるようにベッドのヘッドボードを置きます。足元はカーペット仕様です。入った瞬間に気持ちがリラックスモードに切り替わる工夫です。

なお近ごろは、家族のライフスタイルを考えて、夫婦別室にすることも提案しています。就寝時間が違う夫婦も珍しくありません。年配のお客様に聞くとお互いに眠りが浅くなっているから別々に寝ているという人も多く、むしろ寝室を分けることが家庭円満を持続する秘訣だったりもするようです。お互いに気を遣わずに長く暮らせるのがいちばんなので、思い切って提案してみてはいかがでしょうか。お互いにそう思っていたものの、口に出せなかっただけかもしれません。

「水回り」浴室とトイレになるべくお金をかけない方法

残るスペースは水回りの浴室とトイレです。この2つに関しては予算をあまりかけなくてもいいと考えています。ＫＤＬや寝室に比べて滞在時間が短く、かつ水回りは汚れが溜まりやすい。キッチンと異なり耐用年数が短いので、高いものを購入するよりも、傷んできたらリフォームしたほうが住み心地はいいからです。そのためにも浴室は交換可能なユニットバスがお勧めです。

お風呂の使い方は人それぞれです。毎日ゆっくりとお湯に浸かりたいという人もいれば、シャワーで体を流せれば十分という人もいます。一般の家庭ではお風呂の延べ床面積は一坪が多いと思いますが、それでも多少は広くしたいという方もいるので、お好みでいいと思います。ただし、ポイントがひとつあって、天井を２ｍと低くすることで、浴室全体が逆に広く見えるという視覚効果が生まれます。また、天井が低くなれば浴室の容積が減って断熱性能が上がります。ちょっとした工夫ですが、使い勝手は大幅に上がるので検討してみてください。

住宅設備の選び方にはコツがあります。浴室のオプションには松竹梅、つまり最上級、高級、標準と三段階のグレードがあり、３００万円以上する最上級から、２００万円程度の高級グレード、１００万~１５０万円程度の標準仕様といったグレード分けがされています。ここで除外すべきは最上級です。標準グレードでも十分に快適な浴室になります。

それぞれのグレードには消費者が目にする定価と、もう一つの値段があります。それが掛け率、いわゆる卸値です。設備メーカーが工務店やハウスメーカーに納入する値段と定価は異なります。標準グレードの掛け率は低く抑えられている一方で、最上級や高級グレードの掛け率は高くなります。設備メーカーは掛け率が高く利益率もいい高級グレードを売りたいと考えています。住宅設備は標準から高級にグレードを上げると想像以上に高くつき、最上級は驚愕するほどの値付けになっているのは、そういった業界の販売戦略が作用しているからです。しかし品質は、値段と比例しません。松竹梅といわれて「竹」を選んでしまうのは人情ですが、材料費などを考えると実際は「梅」がもっともコストパフォーマンスに優れているのです。

同じ水回りでも、浴室はキッチンと比較して、湿気の溜まりどころなので劣化が早く、何十年とはもちません。いずれリフォームが必要になるので、標準グレードを買い替えたほうがランニングコストは抑えられます。また、システムバスに関していえば、自分の好みに合うようにカスタムできるので心地よさは工夫次第で自在につくることができます。

浴槽は通常サイズで十分です。湯舟の広いワイドサイズがイメージどおりに快適になるとは限りません。大浴場や旅館の露天風呂では意外と居場所に迷います。結局、広い浴槽のなかでも寄りかかれる端っこで入浴している人は多いと思います。体にそぐわない浴槽というものは案外落ち着かないものです。また、光熱費に水道代がかかります。毎日、お湯を溜める方であれば、バカにならない金額です。もちろん清掃性にも劣るので、維持費用が大きくなると考えましょう。

浴室に窓は不要です。浴室は外気との温度差が大きくなるところなので、窓があると結露しやすくなります。壁で囲ってしっかり断熱しておいたほうがいい。ちなみにシステムバスの壁の中にも断熱材を入れています。温度差が大きい箇所なので断熱材は必須です。省いてしまうハウスメーカーが多いので確認しておきましょう。

ドアは開き戸がもっとも清掃性に優れています。折れ戸は、折れる部分の掃除が難しく、引き戸は引く部分のスペースが必要で汚れやすいという弱点があります。

次にトイレの設計においてもっとも考慮すべきは設置場所です。これは玄関ホール一択だと言っていいでしょう。玄関ホールはどの部屋からも行きやすく、帰宅したときもすぐに使うことができます。キッチンのそばでは衛生面が気になり、リビングの隣では視線や音が気になる。海外のように4つも5つもあるのなら話は別ですが、日本はひとつ、ないしは2つです。音や臭いが気になる場所に設置するとストレスが溜まります。

個室のサイズは壁心（＝壁の中心線）で幅1ｍに対して奥行きは1ｍ73㎝が僕の設計です。一般的には幅91㎝×1ｍ82㎝が多いと思います。幅を少し広くしているのは、体の大きな人でも体の向きを変えやすくするためです。トイレは体の向きを変えなければ使えませんから、紙巻き器が邪魔になる場合があります。反対に奥行きが短いのは、座ったままでも扉や鍵に手が届くようにするためです。トイレで座っているときに「扉が開いたらどうしよう」と不安にかられても大丈夫なように、いつでも扉のノブや鍵に手が届く安心感を確保しておきます。

壁には浴室と同様に断熱材を入れてください。温度もそうですが、遮音効果もあります。トイレの壁には断熱材を使わないケースが多いので浴室と併せて確認しておきましょう。

トイレはタンクレスを選びましょう。後ろに水を溜めるタンクがないだけで、全体がすっきり広々として、デザインも美しい。ただし、タンクの水で手を洗うことができないため、別に手洗い場を設ける必要があることは覚えておいてください。

機能としては衛生面や利便性を考えるとオート便座が必須です。人が近寄ったら、自動でフタが開くというものです。また冬場は放熱量が減るので節電にもなります。

2階にもトイレを設置するなら、こちらはタンクありを選びます。停電のときにもすぐに使えるからです。タンクレスの場合、停電時は水を流すのに手間がかかります。その点、タンクありは電気を使わずタンク内に水を溜めておくので、停電時には重宝します。来客も使用する1階のトイレはすっきり使いやすく、家族が使う2階のトイレは備えとして、タンクの有無を変えるようにしましょう。

2階トイレの注意点は排水管を家の外壁に出す設計です。パイプスペースを屋内に設ける余裕がない場合の措置だと思いますが、これはよくない。塩ビ管なので屋外に出すと日光に当たったら風雪に晒されたりして劣化のスピードが早まります。せっかく美しくデザインした外観も、無粋に取り付けられた排水管で台無しです。また外壁に沿って下水が通っているのは気持ちのいいものではありません。図面を見て2階トイレのパイプスペースが取られていない場合は遠慮なく申し入れましょう。

トイレにも収納は不可欠です。トイレットペーパーや掃除道具などのトイレ用品は、すべてトイレに収納しておきます。トイレットペーパーが切れたときに一度、外へ出て戻ってくるというようなことは絶対に避ける。吊戸棚を設けて便座から立ち上がるという動作すら省略したい。座ったまま手の届く位置にトイレ収納は設置しておきたいところです。

「玄関」もっとも緻密な設計が必要

玄関は広いにこしたことはありませんが、「人の渋滞が起きない」ことを目的に考えます。次に重要なことは美しくあることです。家族が家に帰ってくる、または来客を迎えるにあたって、玄関がどういう存在であるべきかを考えます。

玄関が快適に使えるようになる最大の工夫は「玄関框」の幅を広くとることです。玄関框とは玄関にある段差の部分ですが、このワイドが広いほど、靴を同時に脱ぎ履きできる人数が1人から2人、2人から3人に増えることになるので快適に使えるようになります。つまり、玄関框のワイドを広く取れるかどうかが設計のキモなのです。

次に重要なことは、シューズインクロークのようなムダなスペースを省くということです。そこに一坪割くなら玄関ホールに使うか、KDLを増やすことにします。広さの目安は玄関土間とリビングに入っていくホールを合わせて3畳です。では大量にある靴をどう収納するのか？

押村の建てる家といえば、全面にミラーを貼った玄関収納でしょう。ワイドが1m60㎝、高さは2mで100足以上入るシューズボックスの全面にミラーを貼っています。シューズボックスに一枚だけミラーを貼り、壁にミラーを設置して玄関を広く見せるテクニックはよく見かけますが、シューズボックスを全面ミラーにして、姿見とインテリアを両立させるのは珍しいと思います。こうすることでシューズボックスとしての存在感は皆無になり、驚くほど空間が広く見える効果があります。

玄関には手すりを付けておきましょう。靴を履くときに便利です。手すりはカッコ悪くてイヤだという人は、カッコいい手すりを探せばいいのです。美しさと機能性は二者択一ではありません。必ず両立できます。

玄関ドアは美しさと機能性を兼ね備えたものにしてください。家の顔であり、来客を迎える扉なのでどちらかだけでは物足りない。施錠&解錠は、リモコンをバッグに入れていてもタッチで行えるタッチキーをお勧めします。荷物を持つ手でいちいち鍵を取り出したり差し込んだりしなくてすむのは便利な機能です。カードキーだと、その都度カードを出す必要があるので、普通の鍵と変わりません。ぜひタッチ機能付きの鍵を選んでください。

家の設備として玄関ドアを考えると、サッシに続いて重要な断熱箇所になります。熱貫流率の高い昔のスチール製やアルミ製のドアは、出入り口であるとともに断熱の抜け穴でもありました。なるべく断熱性の高い玄関ドアを使いましょう。しかし優れた玄関ドアは値段も高い。上を見たらキリがありませんので、建材メーカーの上位ランクを選んでおけば安心です。

ドアのデザインは家の外観との兼ね合いもありますが、もともとドアは木製なので、木製で重厚感のあるものが好きです。といっても、高断熱の本物の木製ドアはこれも高額なので、ＬＩＸＩＬやＹＫＫがつくっている高断熱な木目調のドアでもいいと思います。

玄関ドアを開けた先、玄関ポーチを多くの方が軽視しています。それは設計者もお客様も同様です。玄関ポーチは、家の「外」であり、外構とも連動するので、後回しになっているケースが散見されます。

玄関ポーチとは玄関前のひさしの下のスペースを指します。最近では、玄関ポーチを設けずに外壁にひさしだけをつけた家も多いのですが、できる限り屋根のあるポーチを設けてほしいと思います。ひさしだけでは雨風や日射しから玄関を守れませんし、荒天時の出入りに苦労します。

僕の場合は、柱芯が1m82㎝×1m82㎝になるスペースを玄関ポーチとするようにしています。人ひとりだと広く感じる空間ですが、2～3人がすれ違ったり、傘から雨粒を振り払ったり、宅配便を受け取るスペースだと考えると、これくらいは必要な広さになります。玄関ドアは外に開かれるものなので、その先が少し広いと思うサイズ感がベストです。

なお、玄関ポーチを図面に描かない設計者もいますが、それは論外です。あとで外構としてブロックを基礎部分に押し当ててつくるつもりかもしれませんが、基礎から割れて剥がれます。最初から基礎とコンクリートを一体化させて設計しておけばいいだけの話です。コストはかかりますが、家を20年の単位で考えるか、100年先まで見据えるのかは、こういったところに顕在化します。

「ウッドデッキ」用途を決めれば便利な家事動線に

ウッドデッキについては諸説あります。結局使わない設備の代表格であるとか、メンテナンスが大変とか、あとで後悔するといった話です。しかし、僕はウッドデッキについては推奨派です。お客様から相談されたら「ぜひつくりましょう」と答えます。最近では、庭のある家であればほぼ１００％近くがあつらえています。

ただし、なんとなくウッドデッキを設計してはいけません。用途を明確にしておかないと不要なものになります。僕は庭へ出入りするための通路、生活動線だと考えています。日本人に馴染みのある縁側の延長だと思ってください。１階の掃き出し窓から外へ出る際に段差を昇り降りしてサッシをまたぐというのは想像以上にストレスです。であればウッドデッキを設けてストレスなく出入りできる通路として使えれば、暮らしを快適にします。

ウッドデッキを設置する場所として多いのはリビングです。生活空間が外へ広がったように感じられるので、より開放感が得られます。僕のお勧めは、キッチンの横にウッドデッキをつくり、ゴミを仮置きしたり外用の冷凍庫を置いたり、家事を助けるための動線として利用することです。段差のある勝手口ではできない、フラットならではの便利さが生

家屋と屋外をつなぐ縁側としての機能を持たせたウッドデッキの例

まれます。

素材は樹脂にウッドチップを入れたものがコストパフォーマンスもよく、耐候性が高いのでお勧めです。風雨や太陽光にさらされるため、耐用年数は20年程度。あえて高価な天然木を選ばなくてもいいと思います。天然木を使うと、年に一度のペースで色を塗り直して防腐処理をする必要が出てきます。安価な天然木であれば2年もすれば朽ちはじめるので、安易に採用しないようにしましょう。

ちなみに、予算のある方はタイル素材のデッキもお勧めですが、ウッドデッキの3倍程度のコストがかかります。

「適材適納①」造り付けにしておきたい4箇所

暮らしに欠かせない収納についても考え方は一貫しています。それは「適材適納」といって、使う場所に必ず収納を設けることです。物を使ったらその場でしまえるようにしておきます。使用目的が明確でない「とりあえずしまっておく」ためのスペースは設けません。またタンスなどの収納家具も置きません。何をどこにしまって、どこから使うのか、これもまたあらかじめ設計しておきます。

全面ミラーの扉を開くとシューズボックスには100足の靴が収納できる

洗面室に衣類チェストを設けた例。真ん中の棚はアイロンをかけることもできる

子ども部屋に設けたクローゼットの例。これだけの収納量があれば困ることはない

テレビボードに加えて上部には吊り戸棚を、両側にもキャビネットを造り付けた例

狭い家であるほど造り付け収納にこだわる必要があります。寸法の合わない収納を組み合わせるより効率がいいからです。床面積は増やせませんが、空間をうまく使うことで収納容積を増やすことができます。

僕が計画する収納は16個あります。玄関収納、ホールクローク、トイレ収納、衣類収納、リネン庫、パウダールーム収納、リビング収納、ブックシェルフ（本棚）、床下収納、パントリー、食器棚、テレビキャビネット、オープンクローク（寝室）、シーズンクローク、ファミリークローク、子ども部屋のクロークなどです。重要な箇所を紹介していきましょう。

適材適納を実現するために、優先して造り付けにしたい箇所が4つあります。

まずはテレビキャビネット。最初からテレビボードと一緒に備え付けたほうが便利です。テレビまわりは配線が渋滞しがちですが、それを解消できるようにテレビボードにセッティングしておきます。キャビネットとボードを別途購入した場合、テレビボード裏にホコリが溜まりやすくなり火災の原因にもなりかねないので、隙間はないほうがいいと思います。

またテレビは壁から吊ってください。アームで動かすタイプにすると、角度調整も可能です。地震でもっとも揺れるのはテレビです。身を守ることよりもテレビを抑えてしまう人が少なくないそうです。揺れ防止対策のアイテムを使うよりも、吊ったほうが安心です。

次にブックシェルフです。蔵書家であれば、造り付けにしておきたい家具の筆頭でしょう。身長より高い置き型のブックシェルフは転倒時に命にかかわります。災害はいつ起きるかわかりませんから、睡眠中も想定しておくべきです。

そして冷蔵庫の上に付ける収納です。冷蔵庫というのは高さ1m80㎝が普通の大きさなので、一般的な天井高2m40㎝との間に隙間ができます。この空間を有効活用します。出し入れに小さい脚立は必要になりますが、キッチン用品のストックや洗剤、たまにしか使わないカセットコンロやホットプレートなどをしまっておくには大変便利です。脚立・踏み台は長谷川工業のルカーノがお勧めです。

最後に、常温で保存可能な食品や飲料などをキッチンに保管しておくパントリーです。昭和古くから常設している僕としては、ようやく世間に広まってきたなという感じです。昭和にはなかった収納ですが、働く女性が格段に増え、週末に食材を買い置きしておく家庭には必須の収納です。保存できる商品も増え、コストコのように大量販売する店が登場するなど時代背景もあるのでしょう。令和の時代には冷蔵庫に加えて専用の冷凍庫を置く家も増えてきました。

「適材適納②」洗面室の使い勝手を上げる工夫

洗面化粧台は朝に化粧したい奥様、歯磨きしたい子ども、ヒゲを剃りたい旦那様と家族で渋滞する場所です。一般的な洗面化粧台のサイズは、幅75cm×奥行き50cm×高さ1m80cmです。このサイズでは大人二人が並んで立てないので渋滞して当然です。

まず幅が狭い洗面台では、物を置く場所がありません。洗面ボウルの横にスペースがないのでドライヤーが置けない、コンタクトを洗浄するボトルが置けない、化粧道具はもちろん無理です。奥行きも短いのでボウルが小さくなり、水はねします。高さも足りません。天井高が2m40cmあるのに、1m80cmでは、上部にムダなスペースが生まれます。またプラスチック製の安価なミラーキャビネットは静電気でホコリだらけになります。

理想の洗面化粧台は幅が最低1m40cm以上、奥行きは60cm以上、高さは2m20cmです。ワイドがこれくらいあるとミラーキャビネットは三面鏡に加えてもう一面取ることができます。洗面ボウルを2つ並べるというやり方もありますが、両サイドに物を置くスペースを取ったほうが便利だと思います。また洗面台下には椅子を置くスペースが生まれ、収納も増えるのでいいこと尽くめ。二人が並んで立つこともできます。

収納量で考えると高さが重要です。一般的には1m80cmぐらいですが、既製品でも木製の収納ボックスなら2m以上の高さが選べます。棚板は3段のものがいいでしょう。僕はミラーキャビネットのなかにコンセントを4つ入れています。電動歯ブラシを使っている家庭であれば、それだけでコンセントが3つか4つは必要になるでしょう。電動シェーバーや眉毛シェーバー、フェイスシェーバーを充電する人もいます。併せて壁面にも4つのコンセントを取っておきます。いくつあっても困りません。

僕が使っている化粧台の下は、さらに引き出しが2段。その下にはヘルスメーターを入れる場所を確保しておきます。洗面化粧台を大きくするのは動線上の配慮もありますが、物を置く場所や収納場所を増やして使い勝手を向上させる目的があります。

先日、あるお宅の洗面室のリノベーションを行ったのですが、洗濯機を洗面室から移動させて、洗面化粧台の幅を倍に設計しました。これは、古いものを単に新しくするリフォームではなく、新しい使い勝手を生むリノベーションの一例です。

洗面室・脱衣室にプラスワンすると重宝するのがパウダールーム収納です。入浴する際に、パジャマや下着を洗濯機の上に置く人が多いです。僕がヒアリングした結果では「洗濯機の上」派が大多数、マジョリティでした。

洗面室の立体図

適材適納で快適に使う

洗面台は大人二人が並んで使えるサイズが必要。衣類収納、リネン庫、パウダールーム収納に加えて、スツールやヘルスメーター、ランドリーバッグを置く位置もあらかじめ決めておきたい。キャビネットにコーニス照明を仕込むことで毎日の身支度が楽しくなる工夫を。ガス乾燥機「乾太くん」は生活のクオリティを上げる必須の設備だ

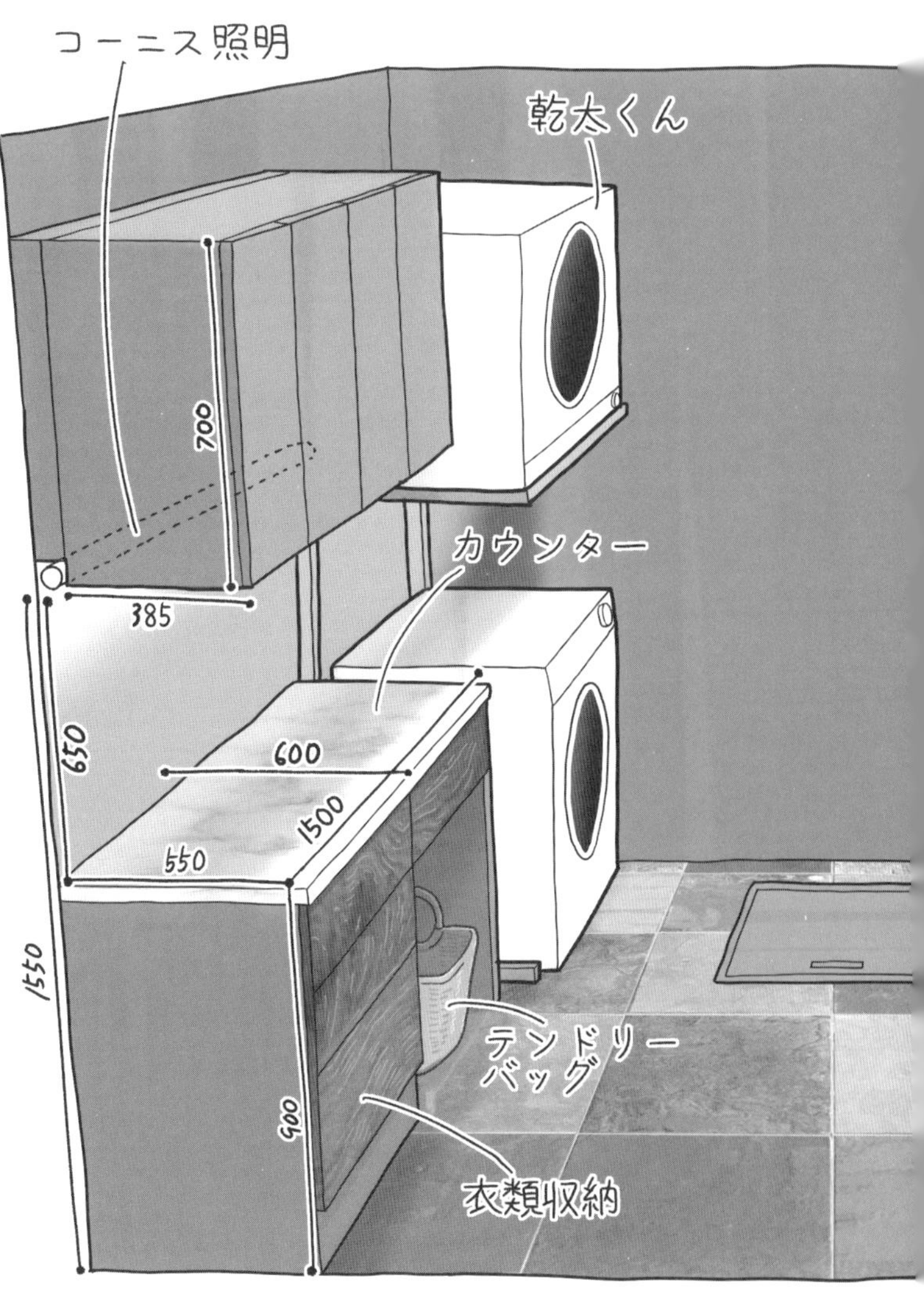
コーニス照明
乾太くん
700
385
カウンター
650
600
1500
550
1550
ランドリー
バッグ
900
衣類収納

一方、お風呂から上がるときに体を外で拭くか、なかで拭くか。これは意見が分かれます。僕はなかで拭く派なのでバスタオルは近くにほしい。この両者を解決するのがパウダールーム収納なのです。

永大産業のスリムインパウダーという商品を加工して壁に埋め込んでいます。壁に埋め込むことで余計な場所を取りません。上段にはタオル入れ、中央にバスタオル入れ、下段にバスマットや濡れたタオルを掛けられるランドリーパイプが付いています。バスタオルを入れてある収納の扉は下に開くかたちで、棚板がアームで固定されるので、開くとカウンタースペースになるという優れもの。ここに着替えを置くことができます。とくにバスタオルの置き場所は考えていない設計が多いので、こういう収納があると大変助かります。

僕が実際に付けてみて洗面室・脱衣所が大きく変わるなと感じたのが衣類チェストです。こちらは洗面室を広く取れる方にはぜひお勧めしたい。

上段が棚収納、下段が引き出しとオープンキャビネットによって構成されている衣類チェスト。引き出しの部分には衣類、オープンキャビネットにはランドリーバッグを入れていきます。上段と下段の間にはカウンターがあるのですが、これがすごくいい。洗濯ものを畳んだりアイロンをかけることができます。

「住宅設備」こだわるほど見えてくる極上の生活空間

住宅設備にはいろんなものがあります。最上の機能を備える家を目指すのであれば、ぜひ加えてもらいたい設備「ガス乾燥機」「天井埋め込み型空気清浄機」「セントラル浄水」「マイクロバブル」の4つを紹介します。もちろん、予算には限りがありますので、是々非々で検討してください。お客様には「そこまでこだわるか！」と言われることも多いのですが、生活のクオリティが爆上がりする設備なので、これは褒め言葉だと思っています。

なかでも必ず採用したいのが、季節や天候に縛られず洗濯物を乾かしてくれるガス乾燥機です。最近では室内干しをする方が増えています。花粉、排ガス、黄砂、PM2・5など、悪化する室外環境を考えると当然といったところでしょう。物干し用のバルコニーは設けないという新築が増えるのも当然だと思います。我々日本人もついに、天日干しから卒業するときが来たのかもしれません。

多くの洗濯乾燥機があるなか、圧倒的な性能を誇るのが、ガス機器メーカー大手のリンナイが扱っているガス乾燥機「乾太くん」です。

洗濯乾燥機が濡れた洗濯槽のなかで100Vの電圧を使って温めながら乾かすのに対し

て、ガス乾燥機は専用の庫内でガスによる熱で乾燥させるので、ハイパワーかつ効率的に乾かせます。コインランドリーにあるのもすべてガス乾燥機です。

乾燥機で重要なのは湿気の排出方法です。乾太くんは蒸気をすべて外部へ排出する仕組みになっています。これだと洗濯室が湿気らない。一方、電気式は蒸気をそのまま排出してしまうものや、除湿して排出するタイプもありますが、いずれにしても湿気が溜まりやすく結露の原因になることがあります。

乾太くんは、仕上がりも抜群です。とにかくフワッとする。乾かしたタオルを重ねてみると、電気式で乾かすよりも、明らかに厚みが違う。パイルがしっかり立っている感じが

洗面室に「乾太くん」はもはや定番。外干しの生活から解放される

するのです。僕自身、使いながらタオルの寿命が延びたのを実感しています。

乾太くんには髪やホコリなどを取るためのフィルターがあるのですが、奥に付いているタイプと、手前のドアに付いているタイプの2種類があります。できれば手前に付いているデラックスタイプを選んでください。こちらのほうが掃除はラクです。

また、ガス乾燥機を導入した場合、洗濯機に乾燥機能は要りません。そのぶん安価ですむので買い替えやすくなります。乾太くんの設置場所は、排気筒を屋外に通す必要があるので、あらかじめ図面に配置しておくことを忘れないようにしましょう。

空気清浄機を最初から設置してしまうのが天井埋め込み形です。僕はリビングと寝室に入れていますが、標準で採用している会社はほとんどないと思います。もちろんすべての部屋に入れることも可能です。天井埋め込み型はパナソニックの「エアシー」がお勧め。天井埋め込み型の利点は、部屋の中央で機能してくれるところです。床置きの空気清浄機は部屋の中央に置き続けることはできません。さらに素晴らしいのは、フィルター交換が10年に一度ですむ点です。

空気をキレイにしたところで、もう一つこだわりたいのが水です。最近では、キッチンの水栓には浄水器を取り付け、ウォーターサーバーを置いている家庭も増えています。冷蔵庫にミネラルウォーターを常備している人も多いでしょう。水は健康の源なので、体感的により安全な水を欲しているのだと思います。

しかし飲み水だけに気をつければ、安全を確保できるのかは疑問です。料理をするときに使っている水、シャワーで使う水、お風呂に溜めている水、トイレの水。見落としがちですが、毎日使っている温水洗浄便座は体の粘膜に触れる水のひとつです。

家じゅうの水をすべて浄水にするシステムがセントラル浄水です。飲料水も料理もお風呂もトイレも、すべて浄水として使用できるようになります。

セントラル浄水は、家の外の水道管に設置することで、家に供給する水をすべて浄水してくれます。浄水器の一種ですから、1年半から2年の間隔でカートリッジ交換は必要になりますが、ウォーターサーバーや、ペットボトルの水を大量に購入することを考えると、より合理的なシステムだと思います。

水にこだわる方であれば、浴室の給湯器から直接マイクロバブルのお湯が出るようにする商品があります。微細な泡が大量に含まれているマイクロバブル。見た目は、白濁した温泉のように不透明になっています。

これには温浴効果があり、体の芯から温めてくれます。お風呂から出ても、保温効果が持続します。さらに毛穴の汚れも取ってくれるので、肌がツルツルになります。

マイクロバブルを導入するときはセントラル浄水とのセットが効果的です。いくらお湯をよくしても、もとの水が浄水できてないと効果が薄れてしまいます。せっかく身体のことを気遣うのですから相乗効果を狙っていきましょう。

第三章

「美しさ」は細部に宿る

「照明」鉄則はとにかく明るくしすぎない

居住空間を終えたところで、ここからは照明や建具などについてお話しします。住宅の美しさを表現する要素にもかかわらず、ハウスメーカーではもっともおざなりにされる箇所です。インテリアについての知見がないので、まともな提案ができないからです。

まず現代の居室空間は明るすぎると思います。オフィスでは蛍光灯やLEDライトが使われ、帰宅すればシーリングライトに照らされる生活では、心も身体もリラックスできません。明るく輝くライトは作業用であり、落ち着いて暮らす灯りではありません。とくに睡眠に関していえば、寝る前はスマホをなるべく見ないようにして、できる限り灯りを落とすほうがいいことは自明の理です。ところが、日本の家屋は暗がりが悪であるかのようにすべてを照らし出しています。

戦後にエネルギー事情が悪化したこともあり、省エネで一定の明るさを担保できる蛍光灯の普及は革命的でした。東京のコンビニや繁華街が異様に明るいのは、24時間人を呼び込むためのものですが、日本人にとって家のなかを明るく照らすこと、街を華やかに彩ることは経済成長の証しでもあったのだと思います。

しかしそれ以前の日本には、淡い光に寄り添う文化がありました。日本らしい装飾の代表例に障子があります。和紙によって光を淡くし、部屋のなかに薄い陰影を生み出します。大正・昭和期の文豪、谷崎潤一郎も著書『陰翳礼讃』のなかで、陰影から生じる日本独自の美意識について評論しています。ゼロか百かの明るさではなく、濃淡のグラデーションによって映し出される明るさ。能や狂言や水墨画が浮かび上がらせるような陰影。そういった照明を家のなかにもつくりあげたいと思っています。

もちろん、家のなかを単純に暗くしろというわけではありません。必要な明るさと心が落ち着く灯りのバランスを探っていくには、明るさに対する考え方を変える必要があります。部屋の基準となる明るさは、ＪＩＳ（日本産業規格）で決まっています。リビングは30〜75ルクス、キッチンは50〜１００ルクスといった具合です。この基準は水平面の照度で設定されています。しかし、人間の生活に必要な明るさは壁面照度で決まります。なぜなら人間の視線は床ではなく壁を向いているからです。壁にどれぐらい光が当たっているかで、部屋の明るさは決まります。この基本がわかっていないと、灯りをうまくつくり出すことはできません。一方、作業をする場合は視線の先にしっかりと光が当たっていることが重要です。キッチンであれば天板、ワーキングスペースであればデスクの天板です。

光を計画どおりに回していくには知識と経験が必要です。テレビの収録やライブ会場、劇場には必ず照明の専門家が立ち合いますが、家の場合は設計者やコーディネーター、照明メーカーのプランナーが配灯計画を考え、最終的に決断するのはお客様です。素人が考えて素人が決める、これが現実です。

配灯を知らない設計者は、お客様から「暗い」と言われることをもっとも恐れるので、シーリングライトの感覚でとにかく部屋を明るくします。明るくて文句を言われることはないので、ダウンライトを「念のために付けておきましょうか」といって、むやみやたらに付けてしまいます。

配灯とは、ダウンライトを使いこなすことです。ダウンライトは天井に埋め込まれた照明ですから、天井を照らしません。壁面を照らすことで空間に陰影をもたらす照明です。シーリングライトが「一室一灯」で壁面、床、天井を照らすのに対して、ダウンライトは光源が複数ある「一室多灯」です。多くの設計者とお客様が勘違いしているのは、シーリングライトの明るさをダウンライトに求めていることです。ここを誤ると、照明計画は失敗します。

「ダウンライト」配灯で空間の美しさは決まる

僕の照明は、こういった理由から天井に直接取り付けるシーリングライトを使用しません。照明で壁を照らしていくからです。しかし、なかにはシーリングライトの明るさが好きで、一灯で天井や壁、床すべてを明るく照らしたいという人もいるでしょう。そういう方は、最初からシーリングライトを使うべきで、無理にダウンライトを使う必要はありません。全般照明であるシーリングライトで照らす空間と、ダウンライトを間接照明として使った一室多灯はまったく別ものであり、異世界です。

間接照明には主にダウンライト、スタンドライト、ブラケットライトの3種類があります。スタンドライトはフロアランプとも呼ばれ、床に置くライトです。スペースを取るので清掃性に少し難があります。ブラケットライトは、壁に直接取り付けて壁面を照らす灯りです。灯具にも美しいものが多い。壁面を使うため、難易度は少し高くなります。トイレや寝室、外構など用途が限定されている空間で使うと、とても味わいの深い灯りを生むことができます。

比較的扱いやすく、配灯計画の中心になるのがダウンライトです。天井に埋め込むかたちで使われ、壁を照らし出すことで陰影を生むことができます。

配灯のテクニックとしては、照らし出す部分と、陰影になる部分を意識することです。ダウンライトは空間自体を明るくするのではなく、壁を照らし出して明るさを演出する照明です。ダウンライトには拡散タイプと集光タイプがあり、前者はフワッとした光、後者はまとまった光を照射します。壁の近くでは、主に前者を使います。

拡散のダウンライトは、壁に寄せるほど、カッコよくなります。光が壁に強く当たって明るいところが増える一方、当たらないところは暗くなって、陰影がはっきり生まれます。反対に壁から距離を取ると、陰影が失われ

①は壁から30㎝で壁を照らし、②は集光タイプで床を照らす。配灯には意味がある

て凡庸な光になります。

僕は壁から30㎝の位置にダウンライトを取り付けます（①）。40㎝でもいいのですが、美しく壁を照らすのであれば30㎝がベストです。より強い陰影を生み、雰囲気のある空間を目指すのであれば15㎝でも構いません。

現在のマンションや建て売り住宅では、ダウンライトが壁から60㎝以上も離れ、リビングの中心に虫の目のように6灯も配置されているのを見かけます。これはダウンライトをシーリングライトの代用として扱っている証拠です。照明計画をお任せすると何も考えずに取り付けられるので注意が必要です。

日本人は明るい部屋に慣れているので、ダウンライトを使った空間に入ると暗いと感じる人が多いようです。しかし、ソファやダイニングのチェアに座ってもらうと不安は解消されます。座った視線の先や手元が明るく照らし出され、暗く感じないからです。雰囲気のいいバーやホテルのように、入ったときは少し暗く感じても、過ごしているうちに心地いい空間に変化していきます。

後者の集光タイプは壁から離れた場所に配灯し、用途を明確にして使います。

例えば、8畳のリビングであれば2灯を並べてテレビとソファの間の床を照らしてください（②）。その場合、ソファは奥行きがあるので真ん中ではなく、テレビ寄りを照らします。２灯の間は10㎝でＯＫです。ダイニングであれば、１８０㎝以上の天板があれば３灯でテーブルの中心を照らしましょう。演色性を表すＲａが90以上のものを使うと、より料理が美しく見えます。読書する机やワーキングスペースも同様に、光を集めて手元を照らす集光ライトを使う。そういった具合に意図をもって配灯すれば、美しく暮らしやすい空間が生まれます。

その際にダウンライトは図面上で規則性をもって並べる必要はありません。きちっと直列に置きたくなる気持ちはわかりますが、器具ではなく光を見て楽しむものなので、拡散ライトは壁を照らし、集光ライトは床面や手元を明るくしているか、その点を確認すれば大丈夫です。

もう一点。廊下のある家であれば、思い切って壁に寄せて、15㎝の位置に集光ライトを取り付けてみてください。ホテルの内廊下のようなキリッとした高級感が出て、めちゃくちゃカッコよくなります。

ライトのサイズは口径が７～15㎝でいくつか種類があります。小さいほど雰囲気は出ますが、施工が難しく値段も高くなります。天井高が２ｍ40㎝～２ｍ80㎝程度の場合は、10

㎝のダウンライトでいいでしょう。タイプは60型と１００型の２種類があります。１００型のほうが明るいのですが、普通の家であれば60型で十分です。暗さに不安がある人は１００型を使って、調光機能を付けてください。

「一室多灯」」ダウンライト＋アルファがもたらす美的空間

ダウンライトを使った配灯テクニックを紹介しました。シーリングライトを用いた「一室一灯」に対して、複数のダウンライトを使った「一室多灯」はまったく異なる照明空間です。まずは、その点をよく理解していただき、＋アルファでさらに美しく空間を彩る照明についても紹介していきたいと思います。

天井から吊り下がっている照明をペンダントライトと呼びます。ペンダントライトは、照明界におけるアイドルといっていいでしょう。重要なのは、美しくて気高く愛でられる存在であること。毎日、見るたびに心から美しいと思える、まさに光を放つ装飾品です。

ペンダントライトはダイニングに使われることが多いと思います。照明はどれも高さに気を配るべきですが、これはその最たるものといえます。ペンダントライトの高さは「目の高さ」です。なぜなら、ペンダントライトは真横から見て美しいようにデザインされているからです。シーリングライトに慣れた生活をしていると、視界に入らない高さに設置されてしまい、まったく意味をなさないので注意してください。ペンダントライトが頭上高くに吊されていたら、それは設計した人間の問題です。どこにどんなサイズのダイニングテーブルを配置するかを決める前に、照明計画を立ててしまうので、邪魔にならないようにとりあえず高く吊してしまうからです。お客様も、そういったものかと思って気づかないまま生活をすることになります。

インテリアファーストで使うテーブルやソファ、家具を決めてから図面を引けば、配灯をまちがうことはありません。テーブルの上に最適な高さで吊ることができ、ペンダントライトを下から見上げて暮らすといった無粋は生じません。

ちなみに僕の経験上、ペンダントライトを取り付けたいとおっしゃるのは家族でいえば奥様。インテリアに興味関心の薄い旦那様は「どちらでもいい」と答えます。僕も「吊ってもいいし、吊らなくてもいいですよ」と答えます。事実、ペンダントライトは装飾で好みの問題です。僕自身は装飾を楽しむ派ですから、好きか嫌いかで問われれば「大好きです」と答えます。ダイニングやキッチンにペンダントライトを吊すだけで生活は美しく豊かになります。ただし、一灯あたり10万円以上の高額なものが多いので予算も含めて考えましょう。なお、ペンダントライトを選ぶ際は外国製をお勧めします。歴史の深さと、種類の豊富さが日本製とは段違いだからです。日本製でもよくぞここまでといったものもありますが、まだまだ数は少ないと思います。ペンダントライトを吊すことで、「一室多灯」はより豊かな生活を演出してくれることをお約束します。

次に建築化照明があります。光源を天井や壁などに組み込み、建築物と一体化させた照明です。主に使われる建築化照明にコーブ照明とコーニス照明があります。コーブ照明は、光源を折り上げ天井（中央部分を一段高くした天井）のなかに設置して天井に光を当てて部屋を明るくする照明です。カメラに詳しい人ならご存じのとおり、天井に向けてストロボを焚いて、光を拡散してから被写体を緩やかに明るくする要領で、光をいったん天井に当てることで、柔らかな明るさを実現します。

天井に光を当てるコーブ照明に対して、壁に光を当てるものをコーニス照明といいます。単に部屋を明るくするだけでなく、アクセントウォール（色や模様を変えた壁）などと併用することで、個性的な表情を生み出すこともできます。

僕は、キッチンのカップボードにある吊り戸棚の裏やシューズボックスの下に、コーニス照明を仕込みます。ベネチアンモザイクタイルを貼った美しい壁面や床面を照らすことで、さらに美しさに磨きがかかります。

壁に直接取り付けるブラケットライトは、目的をより明確にして使う必要があります。リビングやダイニングに取り付ける場合はより注意が必要です。僕は主寝室のベッドサイドによく設置しています。ブラケットライトには、アクリルやガラスを使って全体を明るくする透過性と、金属などの隙間からだけ光を出す不透過性があります。ベッドサイドに透過性を用いると眩しくて眠りを妨げる可能性があるので、不透過性のものが適しています。低い位置が落ち着くので、１m50㎝くらいの高さが目安になります。頭をぶつけそうだからといって高く付けるのは誤りです。

また、忘れてはならないのが外構です。玄関ドアの脇や門柱門壁の表札周りにブラケットライトを設置するのもお勧めです。意匠性が高く、デイライト機能と人感センサー付きのものであれば機能性もあり、よりよくなるでしょう。

「スイッチ・コンセント」位置でわかるプロの仕事

スイッチ・コンセントという毎日使うところの考え方を解説していきます。壁に付けるスイッチやコンセントのデザインは、サイズこそ小さいものの壁の印象を決定づけるものであり、気を配りたい部材です。壁に付けるコンセントの位置について営業部員や建築士、コーディネーターに相談しても誰も正解をもっていません。慣例に従って「うちは床から芯25㎝でやっています」と言うだけです。最適な高さについて真剣に考えたことがないのでしょう。取り付け位置と数については、設計者任せにしてはいけません。設計者は慣例に従っているだけなので、見過ごすとあとで後悔することになります。

スイッチ・コンセントにおいて、現在もっとも多く出回っているのは、パナソニックのコスモシリーズです。多くの人が思い浮かべる定番です。僕は、上位グレードにあたるアドバンスシリーズをお勧めしています。パナソニックが次世代のベーシックをつくるという意気込みでリリースした乾坤一擲のモデルです。それほど普及しているわけではありませんが、標準仕様がコスモであれば、ぜひオプションで採用してください。価格はコスモとそれほど変わらないのに壁を劇的に美しくする配線器具です。

アドバンスとコスモではまず質感が異なります。コスモは光沢があって野暮ったいのに比べ、アドバンスはマットでサイズも薄くてスマートです。色展開もマットホワイト、マットグレー、マットベージュ、マットブラックと豊富。壁や家具などによって、カラーを選ぶことができます。

スイッチは取り付ける高さについても注意が必要です。一般的なスイッチの高さは、床からスイッチ芯1m25cmが多いと思います。お客様にはとりたてて知らせません。しかし、僕は1m10cmに取り付けています。女性でもヒジを上げずに押せる高さだからです。これが1m25cmだと、高すぎる。また、オン／オフが面倒な場所には、積極的に人感センサーを導入しています。具体的には玄関の内と外、玄関ホール、洗面室、トイレ、階段、廊下です。消し忘れの心配もなくなります。

家を建ててから、もっとも後悔しやすい箇所がコンセントです。「ここにもほしかった」「数が足りない」など、小さなストレスを溜めている人は大勢います。

コンセント不足や位置に関する失敗は、家具やインテリアを決めずに間取りをつくっているからです。インテリアファーストで決めておけば、数が足りない、家具が干渉してコンセントが抜き差しできないといった失敗は回避できます。

コンセントもパナソニックのアドバンスシリーズを使っています。スイッチとともに統一感が出るのでお勧めです。

コンセントを取り付ける高さは独自基準で床からコンセント芯で15cmにしています。一般的な取り付け位置は床から25cmなので、かなり低い位置ですが、そのほうが美しく見えます。15㎝の高さのコンセントにプラグを差し込むと、コードの垂れ方が美しく見えます。壁と床の間にある部材を巾木といいますが、この巾木との間隔もバランスがよくなる。コンセントを挿したときの見え方まで計算するのがプロの仕事です。コンセントとプラグとコード、巾木を計算して位置を決める設計者がいれば、それは信頼できるプロフェッショナルだと思っていいでしょう。

余談ですが、エアコンのコンセント位置には注意を払ってください。本体とコンセント位置をあらかじめ決めておかないと、エアコンの取り付け業者が適当な高さにセットして帰ってしまいます。配線をする業者とエアコンを取り付ける業者は別のことが多いので、

スイッチ・コンセント位置まで考えるのがプロの仕事

こういった事態になるのですが、エアコンの取り付け位置を考えていれば問題は起きません。設計段階で、天井高はいくつなのか、床はどういった状態なのか、窓はどこにあるのかに加えて、エアコンのサイズがわかっていれば、取り付けに迷うこともないでしょう。

話をコンセントに戻します。時代に合わせて変化するコンセント位置もあります。リビングであれば、ロボット掃除機、加湿器に空気清浄機。昔はなかった電化製品が多数あります。玄関にも、電動自転車の充電器用が必要です。洗面化粧台のミラーキャビネットのなかにもコンセントがあれば、電動歯ブラシや電動シェーバーなどの充電器が置けるようになります。キッチンはコンセントが集中します。炊飯器、電子レンジ、トースター、電気ポット、調理家電、ミキサー、コーヒーメーカー、ホームベーカリー、ワッフルメーカー、電気圧力釜……これから先もどんな製品が生まれてくるかわかりません。余裕を持って多めに取り付けておくことが肝心です。

「カーテン・ミラー」装飾は豊かさを吹き込む

部屋のインテリアにおいてもっともおざなりになるのがカーテンです。ひどいケースになると、引っ越した後にサイズを測って量販店で買うといった人もいます。部屋の印象を決める役割をカーテンが担っていることは誰でも理解できると思います。では、なぜ早い段階で色柄を選んでおかないのか。多くの日本人にとってカーテンはインテリアではなく、寝る前に閉じて使う備品だからでしょう。よってインテリアとしてのイメージが湧かずに後回しになってしまう。しかし本来は床、壁、天井と合わせてコーディネートすべきものであり、ソファ、ラグ、照明とのバランスも必要になるものです。

カーテンの取り付け方、選び方で重要なのは、その方法と長さです。

まず、取り付け方は「正面付け」がお勧めです。窓枠上部の壁にレールを取り付けることで、カーテン全体が見えるようになります。

カーテンにも美しさを取り入れることで壁面は一変する

賃貸マンションによくある窓枠のなかにレールを入れる取り付け方は、美しくないのでやめましょう。

腰窓も窓が床まである掃き出し窓も丈を長めにつくります。具体的には、腰窓のカーテンレールが窓上10㎝についていたなら、窓下は20〜30㎝大きくします。つまり、窓に対して長さを30〜40㎝ほど長くする。幅も同様に片側で7〜10㎝大きくします。これで布のドレープを最大限に活用することができます。

掃き出し窓の場合は、床に触れるギリギリを攻めます。床にベッタリか、1㎝まで長さを近づけるのがポイントです。カーテンメーカーに採寸してもらうと、床から2〜3㎝の隙間を空けてしまうので注意してください。カーテンは、ドレープがすべてです。寸足らずにならないようにしましょう。

なお、ミラーや遮光など機能性を謳っているカーテンはなるべく使わないようにしています。外から透けにくいミラーカーテンは、夜になると室内が見えやすくなるという欠点があります。一方で部屋からは外が見えないという不自然さもあります。遮光カーテンは、安価なものだと黒い糸が使われているため、カーテン本来の発色がくすむため美しくありません。夜勤があって昼間に眠りたいなど事情がある場合を除けば必要のない機能です。

壁を彩る装飾はカーテンだけではありません。居室空間に抜け感を与えてくれる室内ミラーもぜひ検討項目に加えていただきたい。建築における抜け感とは、視線や空間が先まで伸びる感覚のことで、実際よりも広く空間を感じる効果があります。部屋が狭いからミラーを吊る余裕がないのではなく、部屋が狭いからこそ大きなミラーを吊るように設計しておくという考え方が重要になります。重量のあるものが多く、壁に下地を入れて補強するため、前もって吊る場所を決めておきましょう。ここでもインテリアファーストです。とくにリビングに大きな鏡を吊る場合は、設計時にどういったミラーにするのか決めておくとよいです。

リビングを広く見せる工夫といえば誰もが大開口の窓だと思いますが、第一章でも述べたとおり、壁を減らして窓を増やすと家の強度が下がります。壁があることは家にとってはたいへん重要なのです。壁に大きなミラーを吊れば、空間が広がり、かつ部屋全体に格調高さを与えてくれるので、思い切って自分の体よりも大きいミラーを吊ってみてください。一気に空間がアカ抜けるでしょう。

次にミラーが必要なところは玄関、トイレ、寝室、子ども部屋です。靴を履いた状態で全身を確認するには玄関に設置する必要があります。僕が手がける家では、前述したとお

KDLにミラーを吊って空間に広がりを与える。吊る場所はあらかじめ考えておこう

りシューズボックスの扉を全面ミラーにしています。姿見という機能もさることながら、玄関が実際より広く感じるようになるのでお勧めです。トイレのキャビネットも同様に全面をミラーにします。来客時にも、ちょっと髪を直したりメイクを確認したりするのに使ってもらえます。

主寝室や子ども部屋など着替える部屋にもミラーがあるといいでしょう。立てかける姿見はスペースを取るうえ、ロボット掃除機がミラーに当たって倒れてしまったという話も聞きます。ゆえにミラーは必ず壁に吊ります。そのためには、図面の段階から計画しておかねばならないのは言わずもがなです。

「床材」美しく清掃性が高い床を選ぶ

新居の床材に何を選ぶかは、よくよく考える必要があります。ロボット掃除機が一般的になったとはいえ、キッチン同様に清掃する頻度が高い箇所です。そういった意味でも僕がお勧めしているのは、床暖房にも対応したセラミックタイルです。現在のお客様は90％以上が採用されています。

タイルをお勧めすると、「冷たいのでは？」と直感的に思うようで、怪訝な顔をされます。しかし、セラミックタイルは床暖房などで暖めると、熱を放射するので、むしろ木材より暖かくなります。また、鏡面仕上げといって表面がツルツルしたものではなく、凹凸のあるものを選ぶことで、足裏との接地面積を減らして、夏は涼しく、冬は暖かく快適に過ごすことができます。

石の風合いを再現した見た目の美しさはもちろんですが、なんといっても掃除がラクです。小さな子どもやペットを飼われている方であれば、すぐに想像できると思いますが、水染みになりかねない汚れに対して圧倒的に強い。雑巾や化学モップでゴシゴシ拭くことができます。

寝室や2階の廊下にはカーペットを敷き詰

二階にはカーペットを敷き詰めることで、リラックス効果がてきめんに上がる

める提案も行っています。寝室がカーペットになると歩くたびに心地よく、寝る直前にほかの床材にはないリラックス効果が得られます。また、2階の廊下に敷くと、子どもが大喜びします。なぜかというと、ゴロゴロ寝転がれるからです。廊下が遊び場になるという劇的な変化が起きるので採用を検討してみてください。

とはいえ、現在、床に多く使われているのは木だと思います。主に無垢材、挽き板、突き板、シートフロアと4種類あり、それぞれに違いがあります。

天然木を使ったものが無垢材です。チーク、オーク、ウォルナット、マホガニーなど天然木なので無垢床の踏み心地や感触は最高です。半面、キズが入りやすく、気温によって伸縮膨張するので反りが発生するという欠点があります。自然素材なので、ケアにも手間がかかります。

挽き板は、合板などの基材を数枚重ねたうえに、2㎜程度の板を張ったもの。本体は合板ですが、表面部分だけ天然木になっています。無垢床の風合いを生かしつつ、伸縮膨張しにくいというメリットがあります。突き板は、挽き板の表面の板をさらに薄くしたもので0・3㎜ほどの板を使っています。挽き板より価格が安いものの、重いものを落として凹みが深いと基材がむき出しになる可能性があります。

４つ目が、現在のフローリングを語るうえで欠かせないシートフロアです。本体は合板で木の模様を印刷したシートが張り付けられています。キズもつきにくく、木目の柄もムラなく印刷されています。紙幣しかり、日本の印刷は世界一と言われる技術を誇るので本当によくできています。シートフロアの床は、安価で見た目もいいということで一気に普及しました。

もちろん僕はシートフロアを使いません。フローリングとは名ばかりの、単なるニセモノだからです。表面が木ではなくシートなので、触り心地や踏み心地もよくない。しかも真冬になると寒く、時間がたつとめくれや剥がれが生じて汚らしくなります。経年劣化する代表的な素材だと言っていいでしょう。

木のよさを味わえるという意味では無垢材がお勧めです。ただし、ケアとセットだと思ってください。靴の愛好家が靴磨きを愛するように、ケアと一緒に楽しめる人でないとなかなか大変です。ベターなのは、突き板よりも厚い木を使っている挽き板です。ただし、合板を使っているからといって決して安くはありません。樹種によっては無垢より高価なものもあります。

床材については、お客様の好みや生活スタイル、予算によって変更しているので一択ということはありません。

「室内ドア」押すか引くか左か右か

室内ドアの設計はとても難しく、図面を引き終わっても迷う箇所です。居室や通路、空間の動線上に位置するため生活に直結します。取り付け方を誤ると途端にストレスを感じる箇所でもあります。

室内ドアには主に開き戸と引き戸がありますが、僕は基本的に開き戸を使っています。引き戸を使うときもありますが、下側にレールを設けて戸車で滑らすタイプのものはホコリが溜まりやすく、上側のレールで吊る上吊り戸は、通常の引き戸ほどではないにせよ美観を損なうケースがあります。また、壁のなかにすっぽり収める引き込み戸もありますが、掃除をしにくく壁厚が必要なので居住空間がそのぶん減るという弱点があります。半壁にした引き戸は建具がゆがむと開け閉めができなくなるのでお勧めしません。

引き戸の最大の弱点は音漏れしやすく、かつ音を殺しにくい点です。2階で開け閉めすると1階に響くことがあり、開き戸に比べて音が出やすいということを念頭においてください。ただし、廊下にトイレがあって、扉の開閉によって人とぶつかる可能性がある場合は、引き戸を使うこともあります。

開き戸、室内ドアを使う場合、開き勝手と吊元の組み合わせが重要です。開き勝手というのは、押して入るか引いて入るか、吊元というのは左右どちらに取り付けるかです。右開きか左開きかに関係してきます。

この4つの組み合わせによって、住み心地は変わります。例えば、スイッチとの兼ね合い。スイッチはドアを開けてすぐの壁にあったほうが便利です。開けたドアの真裏にスイッチがあれば後ろへ回り込まねばなりません。

リビングのドアはなかの人に干渉しないようにホール側に引いて入るようにします。また、夏や春などは開いたままにすることも多いので、ホール側にドアストッパーを設計します。

吊元は、トイレを例に取ると、角にあった場合は問題がない限り、壁に向かって90度に角開きになるように設置します。反対に壁がないほうに開くと、ムダなスペースが生まれてしまいます。ちなみに、トイレのドアもリビングと同じく引いて入るようにするのが鉄則です。押して入る場合、トイレ内で人が倒れていると開けられなくなる可能性があるからです。

これが海外であれば、ドアは全部押して入ります。家が広いから、トイレも広い。玄関ドアですら外から押して入ります。外にいる人を迎え入れるスタイルになっているのです。同時に、招かざる客がドアを開けようとしたら、体ごと押し返せるようになっています。

日本の家は狭いので、引くかたちを多用していくことになります。一方で、洗面室は押します。洗面室は脱衣所を兼ねていることが多いので、突然誰かに開けられても対応できるように、押して入るかたちを採用しています。

各個室については、プライベートエリアになるので基本的には押すドアですが、奥に位置する部屋は引くドアでもいいでしょう。通路やクローゼットの位置によっても変わってくるので、それぞれの事情によって決めましょう。

ドアの高さは天井高によって決まります。天井高については次項で解説しますが、僕は場所によってハイドアと2m＋アルファのドアを使い分けています。例えばリビングの天井は2m65cmをとっているので2m20〜30cmのハイドアと呼ばれる高さのドアを使います。玄関ホールは天井を2m45cmにしているので、ドアも2mちょっとにします。

ただし、同じ部屋のなかにあるドアは高さを統一します。リビング内であれば、ドアはすべて2m20〜2m30cmにする。たとえ階段下収納があって、収納自体は1m50cmの高さでも、扉とドアの高さを揃えて見た目の美しさを保ちたいと考えています。

デザインについてはお好みでいいでしょう。ただし、リビングにガラスをはめたドアを使うのはいかがなものかと思います。海外ではあまり見かけないタイプですが、さほど意味を感じません。ガラスにお金をかけるのであれば、ドアに凹凸をつけてください。最近はモダンばやりでフラットなドアが増えていますが、凹凸のあったほうが断然カッコいいと僕は思います。

ドアノブは、インテリアによって決まるので、色合いや光沢をよく見て選んでください。僕はマットブラックで猫の尻尾のようなS字曲線を描いたデザインのドアノブを使っています。メーカー仕様は尻尾が上向きになりますが、袖口に引っかかりかねないので、尾が下を向くよう逆向きに取り付けています。そういったこだわりのひとつひとつに美が宿ると考えています。鍵とドアノブは一体型ではなく分かれたタイプです。

忘れてならないのが蝶番です。シルバーかステンレスか、それともブラックか。じつはデザインにも種類があります。僕はピボット蝶番を使っています。普通の蝶番が真ん中から少し離れた位置に2～3か所つくのに対して、ピボット蝶番は上と下にひとつずつつきます。このスタイルがとても美しい。

ドアのデザインでもっとも気にしているのは「枠」です。固定枠ではなくて、調整枠を使っています。固定枠とは平べったい部材を三方に取り付けただけのものですが、調整枠は固定枠の上に額縁のようなケーシング枠というものを取り付けます。この調整枠では、蝶番を支えている枠と飾りの枠が別になるので、ドアの振動が枠に伝わり、クロスを剥がすといった不都合を防止することができます。しかも見た目が素晴らしい。調整枠はドアの周囲に段差がついているので、高級感があります。一般的な住宅で固定枠が多いのは、単に施工が簡単だからです。固定枠がシンプルでモダンだという謳い文句もあるのですが、コストカットのための言いぶんです。安くて

ドアの高さとキャビネットを揃えている。ドア枠はケーシング枠を採用

取り付けが簡単だから選ばれているにすぎません。

「天井高」高低差が生み出す快適度の正解

部屋の床から天井までの高さ、天井高については誤解が見受けられます。「高ければ高いほどいい」というのは思い込みです。高ければいいところもあれば、低いほうがいいところもあります。要はスペースに対して、居心地がいいかどうかが基準になります。

例えば、ＫＤＬが25畳の広さだとしたら、天井高は２ｍ60㎝〜２ｍ80㎝が理想的な高さです。僕は厳密には２６４８㎜という高さで施工します。構造材などとの兼ね合いもあり、言語化するのが難しいのですが、この数字がピタっときます。

設計上の都合でリビングかダイニングのどちらかの天井を下げる必要が出てくる場合があります。その際に、ダイニングは椅子に座ってすごすので低くても大丈夫と、リビングを高くした提案をする設計者もいますが、僕は逆だと思っています。立ったり座ったりすることの多いダイニングは、じつは天井の高さを感じる場所です。ソファでくつろぐ時間の長いリビングは天井が低くても落ち着きます。実際、吹き抜けを設ける場合はダイニングに設定することが多いのです。ＫＤＬに高低を設けると、ダイニングの天井は対比効果でより高く見えます。天井高があまり取れない場合は、こうした対比をあえて設けることもテクニックのひとつです。

玄関は3〜4畳が一般的な広さなので2m45cmがベストだと思います。玄関框を下りると一段低くなるので、無理に高くする必要はありません。

同じ2m45cmに設定しているのが洗面所やトイレ。浴室は先述したようにさらに低く、2mがこもり感のある最適な高さでちょうどよく感じます。2階の各部屋は、KDLほどの広さはないので、2428mmで施工しています。

1階にKDLを設ける場合、玄関が2m45cmでKDLが2648mmだとすると、約20cmの差があります。これはKDLにつながるドアを開けたときに開放感が得られる効果を狙っています。同じ高さであれば、こういった演出はできません。KDLと同様に同じ階下でも高低差をつけるテクニックです。

天井についてもうひとつ考えておくべきは、2階の床の防音です。2階の床は1階の天井と表裏一体なので、生活音が下の階に伝わりやすい構造というのは、やはり気持ちのいいものではありません。

そこで僕が推奨するのが吊り天井です。2階の床から吊り下げる天井のことで、2階の床と梁が直接つかないようにすることで、音だけでなく振動も伝わりにくくします。設計の段階で説明がないときは、吊り天井を採用できるか確認して、併せて断熱材の有無も聞きましょう。2階と1階の間に断熱材を足すことで遮音の効果が得られます。とくに気密性の高い家は、コンコンという太鼓音が響きやすくなります。断熱材は外に面した壁だけでは足りないと心得てください。また、2階には遮音マットを敷いてから床をつくります。防音や遮音の有無によって住み心地は大きく左右されるので、必ず対策するようにしましょう。

「窓」引き違い窓と片上げ下げ窓の組み合わせかた

日本において窓は歴史が浅く、もともとは和紙でできた障子や戸の文化でした。海外のような窓は明治維新後に公共施設から採用されはじめ、庶民に普及したのは1923年（大正12年）の関東大震災以降といわれています。

文化というのは歴史と風土の延長上にあるもので、表面だけをなぞってもうまく取り入れることはできません。本質を見抜かないと折衷するまでに時間がかかる。そういった意味では、海外の窓の文化を日本に取り入れるにはもう少し時間がかかりそうです。

日本の窓が欧米に比べてしっくりこないのは、紡いできた歴史の差だと思います。海外建築の窓を思い浮かべてください。レンガ造りの外壁に並んだ窓、飾りのある窓、花台と一緒になった窓、どれも外観の印象が強いはずです。ところが自分の家を建てるとなると、誰もが明るさや風通しなど家のなかから窓を考えはじめます。もちろん内観や採光、風通しも大事ですが、外観が疎かになっています。窓の大きさとデザインは、外観の完成度を決める最重要ポイントです。

窓を配置する条件は家によって異なります。屋根の勾配や素材、階高や外壁材、1階と2階のつくりなどを考慮して、デザインを整えていくことになります。

窓の種類を挙げていきます。まず、引き違い窓。左右どちらからも横にスライドして開けられる一般的な窓です。外に出られるよう床まである窓は掃き出し窓。テラス窓とも呼ばれます。

片上げ下げ窓は、下半分を上げる窓のこと。ＦＩＸ窓は「はめごろし窓」とも呼ばれ、ガラスが固定されて開閉できません。

すべり出し窓は縦であれば縦の回転軸ですべり出しながら室外側へ開く窓で、開いた窓によって風を受け止め換気ができるとされています。横すべり出し窓は主に上部が吊元に

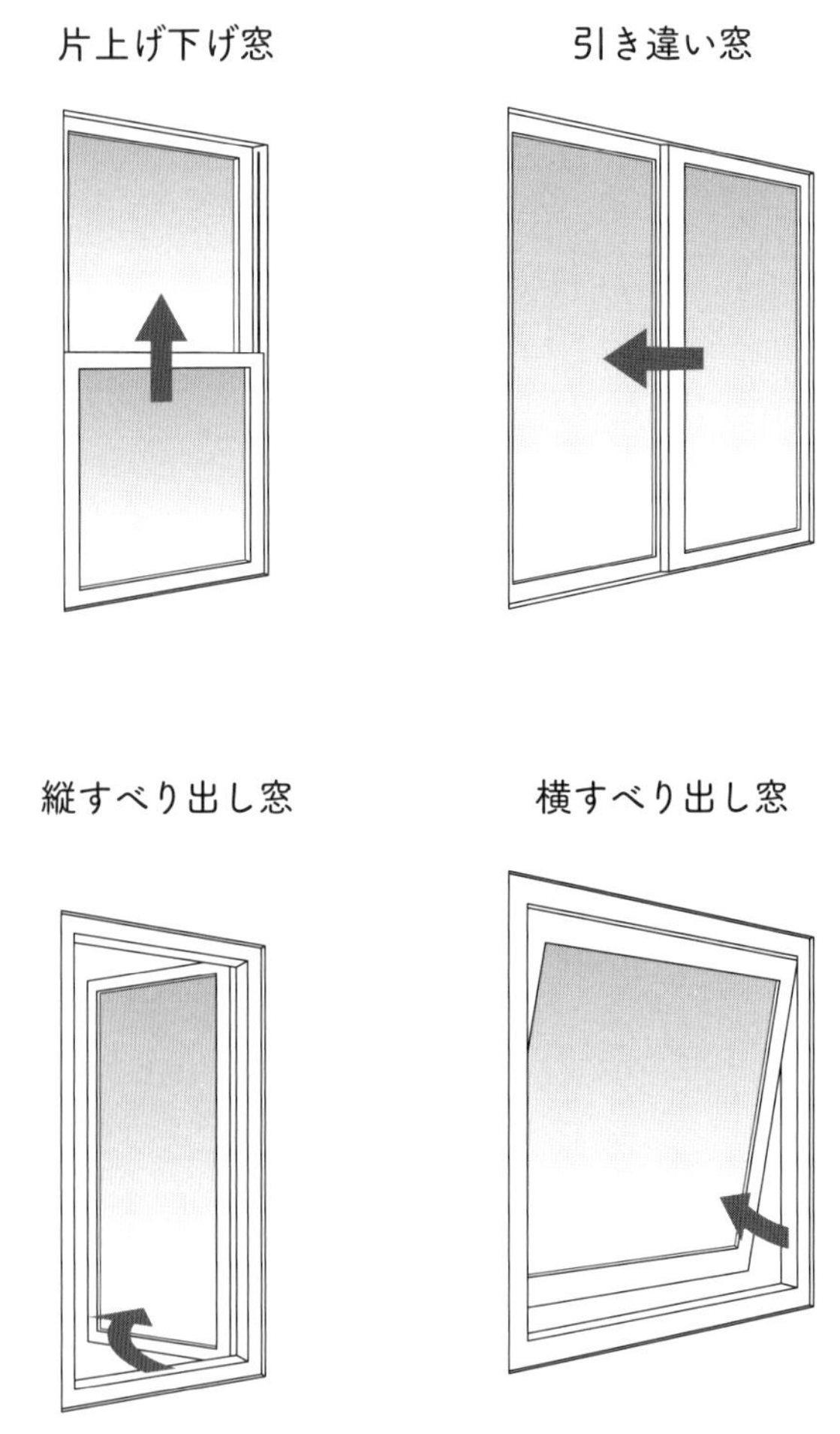

主な窓の模式図。室内のみならず外観のイメージを考慮しながら採用しよう

なって窓の下部が外側に開くタイプの窓です。こちらは窓を開いた状態でも雨水が浸入しにくいメリットがあります。

最近では、すべり出しのスリット窓といって縦や横に細長いスリット状のものがあります。人間が出入りできない細さなので防犯性に優れ、限られたスペースでも採光できる利点がありますが僕はあまり使いません。理由は後述します。

日本人にもっともなじみ深いのは引き違い窓だと思います。引き違い窓のよさは、窓の開口面積を大きくできることです。網戸の設置も容易なので使いやすく普及しています。ただし、この引き違い窓は構造上、レールのうえを動かすので、高気密高断熱マニアの方々に「隙間ができやすく気密性が担保できない」と毛嫌いされています。この手の話は、どのレベルの気密性を目指すのかという点により異なります。

気密性能を表すC値（隙間相当面積）は1㎡当たりの隙間面積を示す値です。延べ床面積100㎡に対して、C値が1・0であれば、建物全体の隙間を集めると100㎠（10㎝×10㎝）開いていることになります。気密性を考慮していない一般的な住宅のC値は10㎠／㎡程度で10だとされています。一般的に高気密と言われる水準は0・5〜0・6ですが、これは引き違いの掃き出し窓を使っても到達する値なので僕も目安にしています。

一方、C値0・1を目指すとなると話は変わってきます。C値0・1は100㎡の家で隙間が消しゴム一つぶんです。ここまで高気密を目指すとコストが大幅に上昇し、費用対効果に見合うのか疑問になってくる数値です。

ちなみに、気密性能に関しては先述したように国が決めた基準はありません。大手ハウスメーカーがもっとも苦手な分野なので配慮しているのかどうかはわかりませんが、住宅業界の七不思議のひとつです。というわけで、高断熱高気密を謳っている住宅メーカーは地場の工務店が多くなります。

僕が引き違い窓とともによく使うのは片上げ下げ窓です。防犯や通気性に優れ、比較的大きなサイズがあるので外観を整えやすいという特徴があります。例えば、1階の玄関や掃き出し窓のワイドのサイズに合わせて、2階には縦長の片上げ下げ窓を2枚といったように配置できます。そうすることで縦のラインが揃うため、外観がぐんと締まります。

僕はすべり出し窓をほとんど使いません。トイレや浴室にどうしても窓がほしいという方や、洗面室に自然光がほしいという場合に使う程度です。というのも縦すべり出し窓は1階に設置すると外側に開くので通路に干渉します。したがって、2階に設置するのが現実的ですが、使う場所はより限られてきます。最近、すべり出し窓がよく使われるのはサッシが高騰しているからです。コストのわりに気密性が高いということで採用されるようになりました。

ＦＩＸ窓は、広範な用途に使える便利な窓です。ちょっとした採光にも優れた効果を発揮します。最近は部屋の高い位置に取り付けた窓＝ハイサイドライトにＦＩＸ窓を使うケースが散見されますが、２階に使うと窓の外側が掃除しにくくなるので注意が必要です。窓は基本的に掃除できる位置にとってください。ちょっとした脚立を使えば届く範囲がひとつの目安です。

僕がもっとも違和感を覚えるのはスリット窓の多用です。スリット窓を縦に並べて３つ付けるとか。カーテンもそれぞれに付けるのか、大きなものをひとつ付けるのか、これではインテリアがうまく収まりません。スリット窓を多用する設計者は、オーソドキシーから外れることをデザインであると勘違いしているように思います。

１階にあるキッチンやウッドデッキから出入りができる勝手口を設ける場合は、気をつけてください。泥棒は玄関以外の人が出入りできるところを探しています。勝手口は掃き出し窓にしてシャッター雨戸を取り付けましょう。シャッター雨戸は手動だと手間がかかるので電動がお勧め。かつスリットシャッターと呼ばれる、風を通すことができる通風タイプであればなおよしです。自然の風で涼を取ることができるので快適です。また、防犯目的で窓に面格子を付けるのはやめましょう。牢屋のようで美観が損なわれます。防犯は人が出入りしにくいサイズや種類を選ぶか、シャッターを取り付けるなどの工夫で対策しましょう。

窓の配置は外観を基準に合わせていきます。多くの方は内観から窓の種類やサイズを決めてしまうのですが、内外は同時に考えていく必要があります。本書のカバーやP．1の外観の写真を見てください。正面は1階にある大きな引き違い窓や片上げ下げ窓と2階の片上げ下げ窓の縦のラインを合わせています。内観から窓を選んでしまうと、1階と2階の取り付け位置がバラバラになって美観を損ねるうえ、外観に対して窓の比率が小さくなります。

なぜかというと、一般的な窓のサイズは、幅が40㎝であれば高さは70㎝から90㎝程度しかありません。これは家のなかから見ると普通に思えるのですが、外から見ると外壁に対してとても小さく見えます。小さい窓は野暮ったく見えるので、幅が40㎝であれば高さは1m20㎝はほしい。その際に使う窓はもちろん片上げ下げ窓です。

吹き抜けがある場合、窓は必ず北側に取ってください。南や西側に取ると日射量が多すぎて暑く眩しい窓になってしまいます。日射は直射日光よりも反射光のほうが人にやさしくなります。北側は一切光が採れないと思っている方もいますが、十分に採光が可能です。設計上の問題で北側にスペースを取れない場合は、あらかじめ電動のロールスクリーンを入れるなどして日射を遮蔽できるようにしておきましょう。

サッシの色は家のコンセプトにつながるので、よく考えなければいけません。モダンでスタイリッシュな外観であればアーバングレー、和風であればブラック、ネイビーの洋風にはホワイトといったように特段決め手はないのですが、同系色でまとめるのか、サッシがアクセントになるように配色するのか、あらかじめ方向性を決めておいたほうがいいでしょう。ただし、日本で一般的に選べる色は４色程度です。

「カラーリング」壁から白を排除してカラーで彩る

続いて内装の色の決め方についてお話しします。家を建てるにあたってよく聞くのは、壁のクロスを決めるのは打ち合わせも終盤になってからなので、お客様も疲れ果てて判断力が鈍っているということです。

家を建てるのは決断の連続です。打ち合わせの最後に分厚いクロスの見本を渡されて

「1週間後までに決めてください」と言われてしまう。結果として、全部を「白で」ということになるのも無理からぬことでしょう。

しかし僕はできるだけ白い壁は排除したいと考えています。白は清潔なイメージがある半面、緊張を強いる色です。空間の色調を決める壁が白いと案外リラックスできません。間違いとまでは言いませんが、なんとなく白を選ぶのはもったいないと思っています。

日本には四季があり、古来より色彩を愛でる文化がありました。文化伝統や色彩感覚に基づいた色の名前は数百色にとどまりません。同じ紫であっても、茄子紺、二藍、京紫、浅紫、菖蒲色、藤鼠、半色といった具合です。こういった色に対する感性を取り戻すためにも、常に色に触れていたいと思っています。

さて、色を決める流れとしては、まず床の色を決めます。床は選ぶ色の種類が少ないからです。次に壁の色です。そして壁に映えるように、例えば、ＫＤＬであればキッチンといった設備や造作家具の色を考えます。最後に天井です。

家具が入る前に家の空間を考えておく。そこにカーテンやラグ、ソファの色を足していきます。白の壁にナチュラル系のフローリングにしてしまうと、家具もナチュラルな色を選ぶことになり、面白みに欠けます。床と壁の色は、インテリアを選ぶ際のベースカラーになるので、寝室をどんな色にするか、洗面室は何色にするかを決めておいてから打ち合わせに臨むといいでしょう。また、思い切って濃淡をつけておくと家具の色を選びやすくなります。

インテリアファーストでサイズだけでなく家具の色まで決まっている場合は、家具に合わせて床や壁の色を順に決めていきます。僕は家じゅうすべてのカラーを2時間程度で決めてしまうのですが、お客様が選ぶ場合は、イメージを出しながら時間をかけて決めていきましょう。

リビング以外の部屋のクロスについては、簡単にはできないと思うので、その配色方法について例を紹介します。仮にブルーを選ぶとします。ブルーといってもさまざまにあるので、そこからひとつを選ぶ際は、はっきりとしたブルーを選ぶことが大切です。必ずしも原色に近いというわけではなく、パッと見てブルーだと認識できる程度の色ということです。

やってはいけないのは、白に近い明度の高いブルーを選ぶことです。これは、ほかの色と合わせにくくなるのでほとんど失敗します。白のほうがまだいいでしょう。お勧めは塗り壁調のグレイッシュな系統を選ぶこと。グレイッシュとは灰色混じりの色のことで、純色に灰色が混じった中間色であれば、ブルーに限らずピンクやグリーンでも組み合わせやすくなります。

壁の色が決まったら、次は天井です。ブルーの壁にグレーの天井を合わせる。このときも一目でグレーとわかる色がいいでしょう。高度なテクニックとしては、寒色のブルーに、暖色のブラウンを組み合わせるという方法があります。これはものすごくしゃれた感じになります。

パープル、ピンク、ブルー、グリーン、ブラウン、グレーといった色は自分の好みで選んでください。ただし経験上、どうしても難しい色というものがあります。それはイエローとオレンジです。この配色はプロでも難しい。とくにクロスは、イエローもオレンジも発色のいいものがなく、失敗しやすいので気をつけてください。

アクセントとして柄を入れる場合は、1面を柄にして残りの3面を白にしないこと。4面柄にするとうるさくなりそうなので、1面だけ使って3面を白にする人がいるのですが、もっとも野暮ったく見えます。4面を柄にする必要はありませんが、柄以外の3面には似た濃度のカラーを入れるなどして、白は排除します。柄は19世紀イギリスのデザイナー、ウィリアム・モリスが考案した図案や、紙クロスにいい柄が揃っているので、そこから選ぶのもいいでしょう。ただし、紙クロスは施工が難しく、職人の腕が問われるというハードルがあるので気をつけてください。

僕が気に入っている壁はクロスではなく、実はペイントです。カルテットペイントという自社で独自に開発した4層のペインティング技術を施しています。そもそも海外ではクロスではなくペイントが主流です。内装に使うのは水性ペイントで、メンテナンスをしやすく安全性も高い。色も豊富なのが特長です。日本の内装はほとんどがビニールクロスなので、ペイント材に需要がなく、海外のペイント材を仕入れて使うととても高くなります。そこでたどり着いたのが独自に開発したカルテットペイントです。海外のペイントを進化させ、よりキズがつきにくく、汚れが目立たないように工夫しました。ペンキ職人と一緒に模索をはじめ完成するまでに5年を要しました。

ペイントは下地が重要です。下地材を塗ってそれを職人が磨いていく。下地がキレイであればあるほどペイントは美しく仕上がります。下地に塗るペイントをベースペイントといいます。ベースペイントをブラウンに決めたら、全面をブラウンに塗っていきます。その上に、グレーやグリーン、ホワイトを重ね塗りしていく。最終的にはカルテットという名前のとおり、4層の重ね塗りを完成させます。色を重ねることによって、奥深い色合いを出すのと同時に立体感を生み出すことができます。現在ではスモーキーオリーブ、ティーグレージュ、モルダーグレー、アッシュブロンド、オーキッドローズの5色を展開しています。

カルテットペイントを作るときにまず自宅で施工を試みました。これがとても美しい。自慢話になって申し訳ありませんが、この技術はまだ自社でしか施工できません。替わりにはなりませんが、壁をペイントしたい方は海外の塗料を視野に入れて検討するのもいいかもしれません。

第四章

「安全と資産価値」は自分でつくる

「不動産」安くていい土地など存在しない

これまでは建物の内側についてお伝えしてきました。第四章は主に外側、すなわち土地や外観、屋根、外壁、外構などについて述べていきたいと思います。

家の外側は耐震や断熱など住宅性能に直結します。初めて家を建てる人にとっては未知の領域でしょう。土地はもちろん外装も取り返しがつかないので、後悔しないためにもしっかり勉強しておきましょう。

最初は土地についてからです。土地探しは不動産会社が100あれば100とおりの理屈が成り立つので正解はありません。土地の価格は需要と供給によって決まるので、適正価格はあってないようなものです。

もちろん資産価値の高い土地を購入すべきですが、当然、地価に比例します。身もふたもない言い方ですが、安くてお買い得な土地など存在しません。高い土地には付加価値があるように、安い土地にはそれなりの理由があります。新築するには擁壁をイチからやり直す必要があるのでコストが高くつくとか、埋設物がはっきりしないとか、私道にしか接していないとか。安くてお買い得な土地は、追い求めても意味がない青い鳥だと思ってください。

それよりもまず「どんな家でどんなふうに暮らしたいか」をイメージしておくことが大切です。探しながらでも構わないので、暮らしのイメージを固めて、そのイメージを実現できそうな土地を探していく。自分たちが現在の住まいを離れて新しく住み替える意味を明確にしておきましょう。

大きな庭でバーベキューがしたい、夫婦が乗る2台分の駐車場がほしいとなると、東京23区内で探すのは難しいでしょう。夫婦と子ども2人の4人家族であれば、10年後を見据えて子どもはいくつになっていて、家族はどんな生活を送っているのかを想像します。東京都は子育て支援のために2024年度から高校の無償化を実施しています。子どもに先進的な教育を受けさせたいのであれば、庭は諦めて教育を優先した土地探しを始めるといったこともひとつの将来設計です。

要は、暮らしが先なのです。暮らしのイメージがあってはじめて家の想定ができ、土地探しの条件が決まる。教育熱心な家庭であれば、勉強の習慣を小さいころからつけるために、ＫＤＬにスタディコーナーや隣接したＳＯＨＯを設けるのもいいでしょう。土地ありきで建てられる家の大きさに合わせて生活するのは本末転倒です。しかし、多くの方はそれをやってしまう。インテリアファーストでもお伝えしたように、まず理想の生活をイメージしてみてください。土地探しはそれからでも十分です。

ここからは押村流の具体的な探し方です。エリアを選ぶ際は商業施設や教育機関、病院施設の有無も重要ですが、街並みを重視するという方法もあります。売却前提で土地を探す必要はありませんが、万が一、手放すことになったときに街並みは資産価値に影響します。極端な話、お隣がゴミ屋敷であれば安価でもその土地を選ぶべきではありません。

２０１５年ごろに僕が兵庫県宝塚市で10戸を分譲したエリアがあるのですが、今でも人気のある街です。先日、お会いしたお客様は都合で自宅を売却されましたが、購入時よりも６００万円高く売れたそうです。通常の戸建ては買った瞬間から中古になって資産価値が下がっていきます。購入時よりも高く売れるということは、土地価格が上がるケースしかありません。しかし、そのエリアには美しい家が立ち並び、住んでいる方が丁寧に暮らして景観を維持している。そういう街は評価されて価値が上がるケースもあるのです。中古マンションであれば立地がよく、かつ住民と管理組合がしっかりしていて修繕積立金が計画どおりに貯まっているマンションは評価が上がります。しかし、戸建ての価値は自分で守るしかありません。家のデザイン、とくに外観はある種の公共物です。ヨーロッパでは景観上の理由から洗濯物を外に干すことを禁じている地域もあります。家も外構も街も、美しく整うことで資産価値が生まれるのです。

初めて土地探しをする際に知っておきたいのは建蔽率と容積率の関係です。建蔽率とは、敷地面積に対する建築面積の割合のこと。容積率は、敷地面積に対する延べ床面積の割合を指します。

例えば建蔽率が50％であれば、敷地面積の半分にしか建物を建てることができません。2階建てにすれば、容積率は100％となります。また、自治体によってさまざまな規制があり、例えば風致地区のように自然的景観の維持を重視したエリアであれば、住宅を建てる規制は多くなり、建物の高さ制限や建蔽率の低下、壁面後退などの条件がつくこともあります。必然的にお隣との境界線から離れることになるので、ゆったりした家が多い街になります。反対に都内のように建蔽率と容積率が高く設定されている地域は、住宅が密集して建つことになるので3階建てが多く、防災基準が高くなります。

一般的な注文住宅であれば、建蔽率50％、容積率100％がひとつの目安です。

「建築工法」ルールが厳格で頑強なツーバイフォー

僕が手がける家はすべて「ツーバイフォー（2×4）工法」で建てています。日本での名称は枠組壁工法といいます。簡単に説明していきます。

ツーバイフォー工法は、「約2インチ×約4インチ」の部材を主な基本構造材としています。上下と四面の合計＝六面体の構造を持っていて、ルールに従えば頑強な家が建てられます。19世紀の初頭に北米で生まれたツーバイフォー工法は、基本のルールから計算方法まで明確に定められているため、日本独自の解釈が適用できません。つまり誰が設計しても同じ方法を採用することになります。

ツーバイフォー工法が日本に入ってきたのは明治の初頭です。明治期には北海道のランドマークである札幌市時計台、大正期には現在は重要文化財となっている東京都豊島区の自由学園明日館などがツーバイフォー工法で建てられました。

ツーバイフォー工法の住宅街が、日本で初めてつくられたのは１９２４年のこと。兵庫県神戸市に建てられたその街は「深江文化村」と名づけられました。神戸市にあった家々は、１９９５年の阪神・淡路大震災で大きな被害に遭いましたが、被災の度合いはガラスが割れた程度。優れた耐震性を証明しました。

ツーバイフォー工法の強さの秘密は、外部からの力を面で受ける構造にあります。木材で箱のような枠をつくり、壁・床・屋根の面を組み込む。このような六面体をひとつの単位としてつくられたものを「モノコック構造」といいます。外部からの力を分散させ、ねじれを防ぐので高い耐震性を誇ります。六面体なので気密性にも優れ、断熱性も高い。暑さにも寒さにも適応します。

木材そのものの強さもあります。木は引っ張られる力に対する比強度が鉄の約2倍、圧縮される力に対する比強度がコンクリートの約7倍といわれています。比強度とは、単位重量当たりの引っ張り強さのこと。少しわかりにくいですが、それほど抵抗する力が強いということです。

また、木の構造材は火に対して鉄よりも強い。高温に熱せられた鉄骨が急速に強度を低下させるのに対し、木の構造材は表面が炭化層となることで火の進行を遅らせます。事実、ツーバイフォー工法は２００４年に準耐火構造認定を取得しています。

と、こうして説明していけばおわかりになると思いますが、ツーバイフォー工法には合理的に考えて秀でた点がたくさんあります。僕としては、なぜすべての家をツーバイフォーにしないのか理解できません。

日本のハウスメーカーでは三井ホームが１９７４年に最初に取り扱いを始めました。これ以降、続く大手ハウスメーカーもあったのですが、これまでの自社の工法に合わないということで撤退した企業も多いのです。在来工法と異なり、強度を保つためのルールが明示されているので、開口部が大きく取れないなど、設計の自由度が少なく、お客様の要望に応えにくいからだと思います。ルールが多いため、きちんとしたクリエイティビティを持つ設計者でないと、本来のよさが発揮できない工法でもあります。

日本の在来工法はルールがあってないようなもので、理論上の数値はいくらでも調整できるため、巨大な窓を設けた家であっても数値上は頑強に見せることができます。僕は厳格なルールのもとでクリエイティビティを発揮したい性分なので、いい加減な設計では建てることができないツーバイフォー工法を選んでいます。

また当初は、施工が簡単といったイメージもあったのですが、技術の継承ができていない最近の大工にツーバイフォー工法を提案すると、「できない」といわれることが増えました。日本も、昔の大工は現場で木材を削って素晴らしい家を建てていました。それを実現するだけの技術とこだわりがあった。しかし、現在では工場でプレカットされた建材を使って組み立てるだけの仕事になり、そういった思いは無用になってきました。業界にいる僕自身、残念な気持ちでいっぱいです。

「断熱材」割高で施工が難しくてもロックウール

家の性能を決める断熱材についても伝えておかなければなりません。ハウスメーカーや業者によって独自の施工法や解釈があり、お客様が決断しにくい建材です。

断熱材の施工方法には内断熱と外断熱があります。壁のなかに断熱材を充填するのか、壁の外に断熱材をはり付けるのかの違いです。

一般的に多く施工されているのは内断熱です。どちらがいいかは議論の余地があるでしょう。理屈でいえば、外断熱のほうが効果的です。外気の影響を防ぐのが断熱の目的なので、壁の外側に断熱材を付けたほうが効果は高い。しかし、実作業で考えると内断熱のほうが施工はしやすい。柱などの間に断熱材を充填できるので、新たに断熱材用のスペースを設ける必要がなく、分厚い断熱材を使うこともできます。一方、外断熱は外壁と外壁材の間に貼り付けても落下しない量しか施工できません。そもそもの話、外断熱を取り扱うハウスメーカーや工務店は少ないのが現状です。

断熱材は種類も豊富です。もっとも一般的なものはグラスウールでしょう。施工性が高くて比較的安価。しかも難燃性なので、素材としては優秀です。デメリットは水に弱いこと。水分や湿気によって断熱性能は下がります。例えば、古い家をリフォームするときに壁をめくると、グラスウールが垂れ下がっていることがあります。湿気を吸うことで自重によって脱落してしまったのです。自然災害や施工の技量など悪条件が重なったこともあるかと思いますが、こういったリスクがあります。

グラスウールと似たものに、ロックウールがあります。グラスウールがガラス繊維を指すのに対し、ロックウールは鉱物由来の繊維を意味します。グラスウールと施工法は似ていますが、断熱性能はより高く、水分や湿気で毀損されることも少なく、難燃性を兼ね備えています。ただし、グラスウールに比べると重量があり大きく膨らんだ形状をしているので、施工が難しい。また、運搬や搬入にコストがかかります。

最近のはやりの素材といえば、発泡ウレタンがあります。ポリウレタン樹脂を主成分としたものを発泡させて吹き付けていきます。グラスウールやロックウールの場合、職人がはっていくのですが、発泡ウレタンは専用の器具で吹き付けていきます。これがとにかく早い。施工業者が2~3人で来て一日で終わります。ウレタンフォームは接着性があるので隙間なく施工できるので気密性が高く、断熱性能も悪くない。

断熱においては気密性が重要です。気密性が高ければ、エアコンの効きなどもよくなってきます。グラスウールやロックウールの場合、気密性を確保するために気密シートを貼って性能を高めますが、発泡ウレタンは吹き付けるだけでも脱落することなく気密性が確保されます。これは発泡ウレタンのメリットでしょう。

弱点は、施工する人の腕によって断熱性能が左右されやすいことです。また、蓄熱性があるので、夏場は壁の内部に熱がこもりやすくなります。施工するときに揮発性のガスが出るため、施工者の健康が気にかかるというのも、僕のなかの不安材料です。

セルローズファイバーは、古紙を主原料にしてホウ酸を添加することで燃えにくくした素材であり、北米などではよく使われています。発泡ウレタンと同様、壁の内部に機械を使って吹き込みながら充填していきます。発泡ウレタンに比べると扱える業者が少なく、割高になるのが玉に瑕です。

僕が採用しているのは耐久性や脱水性などに優れたロックウールです。ロックウールは製鉄会社で高炉から排出される溶融スラグを利用してつくられるのですが、新設する高機能工業炉は溶融スラグが出なくなるというので、在庫の確保が難しくなってきました。グラスウールに比べて施工しにくく、割高であっても安心には代えられないので、手間ひまを惜しまずに施工すべきだと考えています。

僕がお勧めしない断熱材は発泡ウレタンです。発泡ウレタンは、原料に発泡剤を加えて成形します。施工時に現場で膨らませるので、施工面からはみ出た発泡ウレタンは削り取らなければならないので、大量に発泡ゴミが出ます。100倍発泡といって、少量の原液を100倍にするため、そのゴミの量は想像以上になります。また、家を解体する際には、大量の産業廃棄物に変化します。ウレタンが木に張り付いているので剥がすこともできず、そのすべては産業廃棄物として処理することになると思います。

施工時に引火して火災や死亡事故も起きています。断熱材についてはメーカーや業者のポジショントークがまかりとおっているので、よくよく考えてから判断するようにしましょう。

「サッシ」ペアガラスで樹脂サッシ一択

サッシの素材と断熱性能の関係についてもおさらいしておきましょう。アルミサッシが論外であることは先述したとおりです。熱貫流率はU値で比較しますが、木材が0・09

～０・１９に対して樹脂は０・１８程度、アルミニウムは１７９。じつに１０００倍近くの差があります。

近年、住宅の断熱性能は高くなってきました。アルミサッシの窓は熱貫流率の高さが際立って悪いともいえます。いくら壁に断熱材を入れて、家の断熱や気密を高めたところで、アルミサッシを使っていれば意味がありません。海外に比べて日本の家が寒いのは、アルミサッシのせいだと多くの人が気づきはじめています。

窓の結露によって壁の内部にカビが発生すると、アレルギーの原因になります。また、木材が腐ると腐朽菌といって白アリを呼び寄せる原因にもなり、なにひとついいことがありません。新築であれば樹脂サッシ一択と言っていいでしょう。

樹脂とアルミを使った複合サッシもダメです。樹脂サッシと比べるとどうしても結露しやすくなるからです。２００９年にＹＫＫがＡＰＷ３３０というオール樹脂のサッシを発売して以降、窓メーカーの意識が変わりつつあります。あとはハウスメーカーが実行に移すだけです。

樹脂サッシは大開口の窓をつくることができません。大開口の窓を取り付けるには耐震性を犠牲にして樹脂とアルミの複合サッシを使う必要があります。リスクについては十分に理解したうえで採用を検討してください。

樹脂サッシを前提とするならば、窓が2枚か3枚か、ペアガラスかトリプルガラスで迷うこともあるでしょう。熱貫流率でみると確かに数値には差がありますが、壁の断熱性能とのバランスを見て検討しましょう。

トリプルガラスは重量があるので、一度、体感してから決めたほうがいいでしょう。とくに掃き出し窓が重いと力の弱い方は難儀します。また、サッシの自重で枠から垂れることもあります。日本では雨仕舞をよくするために、壁よりも窓の半分が外に出ている半外付けという状態で取り付けます。掃き出し窓がトリプルガラスだと、重さによって垂れて網戸が傾くという現象を起こすこともあります。

一方、ドイツなどでは窓自体を内側に取り付けることが多いと思います。サッシの荷重を壁で支えるのでトリプルガラスでも十分に耐えられます。内付けにすると、窓が奥まって見えるので建物は美しく見えますが、壁厚と防水をきちんと施工する必要があります。もちろんコストにもよりますが、樹脂サッシにペアガラス、加えてアルゴンガス入りのサッシが基本になると思います。それ以上は予算次第、それ未満はやめておいたほうがいいでしょう。

「換気」清掃性を重視することで見えてきた世界の潮流

換気システムについては、国際的な常識になりつつあることも、日本にはまだ伝わっていない部分があります。現在、新築にはシックハウス症候群を予防する観点から24時間換気システムの設置が義務付けられています。第一種、第二種、第三種と3種類のシステムがあり、最近のハウスメーカーなどでは給排気を機械で行う第一種換気が人気です。夏場の熱い空気を冷たくしてから給気できる（冬場は逆に冷たい空気を暖かくして給気する）熱交換タイプは、室内温度を一定に保てるとされているからです。

しかし意外と知られていませんが、実は第一種換気には大きな弱点があります。換気経路用のダクトを入れるのですが、その掃除がうまくできないのです。本体や給気口フィルターの清掃を怠ると換気性能はガタ落ちします。また、ダクトレスのタイプは外気の風圧を常に受けているため、換気量が増減するというデメリットがあります。

そこで僕は、時代遅れと見なされている第三種換気を主に使っています。自然給気で排気は機械で行います。清掃性に優れているのでメンテンスが非常に簡単です。

また寝室にはダクトレスの第一種換気を使うこともあります。寝室は閉め切って眠ることが多く、睡眠中に二酸化炭素が溜まりやすくなります。室内の二酸化炭素濃度が上がると睡眠の質が低下するため、強制的に外気を入れるべきケースがあるのです。このデータはメーカーの工場長から提供してもらいました。換気ひとつとっても、こういった現場での経験値や試行錯誤が必要なのです。

「外観①」黒や白の四角い家は建てない

外観は基本的にはお客様の好みです。ただし、建築デザインの現在の流行を追うのはよく検討してください。いま建っている家を見ても、はやりを取り入れた家は、「あれは10年前」「こっちは20年前」と外観で判断されてしまいます。流行は必ず廃れます。それでは100年後も美しい家にはなりません。

僕がなぜメイクノスタルジーを掲げているかというと、郷愁ははやり廃りを超越しているからです。郷愁という感情は、人類の暮らしのなかで連綿と紡いできた記憶に刻まれています。数百年の歴史と現在をつなぐ感情なので、色褪せることがありません。郷愁をデザインすることができれば、それは不易流行であり、単なる見かけの流行ではない新しいコンセプトの家を建てることができると思っています。

最近はモダンばやりで黒または白の直線でできた四角い箱型の家をよく見かけますが、僕は黒や白の家は建てません。理由は簡単で汚れやすいからです。白は言わずもがなですが、黒い外壁も時代を経ると水分を吹いて白っぽくなります。

四角い家は軒が短かく、または軒ゼロといってまったくない家があります。軒は雨風や太陽光から壁を守るものなので、軒がないと壁面から雨漏りしやすくなります。さらに陸屋根といって勾配のない平らな屋根を採用すると、雨漏りのリスクが増大します。いくらスタイリッシュに見えるからといって、そのような危険を冒してまで採用すべきではありません。あえてメリットを探すなら安価ですむ点でしょう。

四角い家のすべてがモダンでデザイン性が高いというのは誤りです。ル・コルビュジエ、ルートヴィヒ・ミース・ファン・デル・ローエのような近代建築家の手がけた作品がしばしばお手本とされますが、ただの四角い家とはデザインの概念が違います。彼ら巨匠たちの作品は、随所に工夫が凝らされているうえ、ムダが削ぎ落とされています。一般の戸建て住宅で外観を真似たところで、それは似て非なるものといっていいでしょう。

外観のデザインは簡単に生み出せるようなものではありません。僕自身、外観の基本デザインを変えるとなればしばらく頭を抱え込むでしょう。本当にこれでいいのか。前後上下左右から見たときもちゃんと美しいのか。本当に判断に苦しみます。

「外観②」雁行と凹凸が生む質感と陰影

僕が建てる家は勾配軒天を採用しています。軒とは、屋根の下部で外壁から突き出ている部分ですが、軒天というのは、軒の裏側のことです。軒天の下にある場所がいわゆる軒下になります。軒天は、外観のデザインを決めるうえでとても重要です。勾配軒天は軒を屋根と同じ角度の勾配にすることができるので、スマートに見えて高級感があります。また、高い位置に窓を入れることができます。

軒の話を続けると、軒先で屋根内部に下からの雨風が浸入するのを防ぐ「鼻隠し」という部材があります。この鼻隠しを外壁と同じ塗装を施して色を統一しています。手間がかかるので一般的には施工時に素材や色を合わせることは少ないです。

しかし、外壁と鼻隠しが同じ塗装であれば、同時にメンテナンスすることができるので維持コストは下がります。こういった工夫を随所に凝らすことが重要です。外観はカタログを見ながら決めるものではありません。図面だけ引いても現場で見て聞いてやってみないとわからないことだらけなのです。

外観で「押村の家」だとわかる。四重にフカした破風などこだわりが詰まっている

外観の形は雁行をベースにしています。雁行とは飛んでいる雁の列のように、斜めにずらした状態のことをいいますが、ここでは凹凸をつけるという意味で使っています。わざと突き出している部分、奥まった部分をつくることで、外観に凹凸を生み出しています。真四角の建物とは逆の発想です。凹凸になった外観には立体感ができ、太陽が当たることで陰影が生まれてじつに美しい外観に仕上がります。

壁に凹凸をつけると施工面積が増えます。真っ平な壁に比べて手間も工期も資材も嵩むのでコストアップにつながります。加えて、技術的な難易度も上がります。とくに屋根は寄棟でつくっていくのですが、「屋根伏せ図」がとても複雑になります。屋根伏せ図とは文字どおり屋根の造りを記した平面図ですが、四角い家を建てている方が見たら複雑に見えるかもしれません。

外壁には「フカシ」も入れています。通常の壁にさらなる壁を追加します。フカすことによって、壁そのものに凹凸をつけることができます。目的は、窓を周囲よりもヘコませるためです。ヨーロッパの石やレンガ造りの家、日本でいえば明治や大正期に建てられた西洋建築は窓がヘコんでいて、彫りの深い印象を与えています。そういった意匠を現代建築にも取り入れています。

屋根の破風、「ハ」の字や「へ」の字に見えるところにも四重のフカシをつけています。段差を付けることによって美しさが生まれます。

さらに2階の外壁を全体的にフカすことで下階の壁が汚れにくくなるよう設計しています。2階と1階の間には板金を施工することで、2階に当たった雨だれが1階に伝っていかないようにして、美しさを保つ工夫をしているのです。

家を守る建材として重要な雨樋もぬかりはありません。昔に比べるとはるかに進化していて、樹脂を巻いたような形でなかに鉄板が入った構造のものもあります。これがとても強い。雨樋というのは、劣化してよく割れるものですが、強度があるので安心して使うことができます。

デザインに古代ギリシャの意匠を取り入れていて、見た目もなかなかに雰囲気があります。色は濃いブラウンを選び、横の壁に直線的に取り付けることで、家の表情が引き締まります。壁の色に合わせてアイボリーなどの淡色にすると、全体がボンヤリして見えるので、わざと色を足しています。縦に落とす箇所も重要で、排水能力を損なうことなく左右に分かれるように設計して美観を保ちます。

エアコンのダクトもひとつ間違えると家の外観を損ねてしまうので、慎重な設計が必要です。原案の段階でエアコンの位置が決まっていない図面は論外です。間取りと同時にエアコンの位置、ダクトをどこに出すのかも一緒に考えて可能な限り雨樋と並ぶように取り付けます。なお、エアコンの隠蔽配管は行いません。トラブルの特定がしにくく、維持管理が困難だからです。2階トイレの配管は内部のパイプスペースを通し、換気扇のフード、エアコンの室外機、電気メーター、ガスメーターなど、外観を損なわない位置はどこなのか？　デザインの一部に馴染むよう最初から設置場所を計算しておきましょう。

お客様の意識は9割が内装に向かいます。外観に関しては疎いところがあって、とくに配管やダクト、室外機などは気づいたときには手遅れというケースも多々あります。美しい街並みをつくるのは内装ではなく外観です。隅々まで気を配りたいところです。

「屋根」歴史が証明する寄棟と瓦の機能美

屋根にはさまざまな形状があります。代表的なものは切妻、寄棟、片流れ、陸屋根です。切妻はいわゆる三角屋根。山の形をしています。子どもが家の絵を描くとたいてい切妻屋根の家になります。妻とは端っこのことで、屋根の端が切り落とされたようになっているため、切妻と呼ばれます。寄棟は、三角形の屋根を四方向から集めたような形をしています。棟を中央に寄せることから寄棟といいます。

片流れは、文字どおり片方に大きく流れている屋根のことです。陸屋根は先述したように正六面体の上部が平らになった屋根です。

昔からある家の屋根は切妻か寄棟が多いです。屋根の役割は雨や風、太陽光から家を守ることですが、切妻も寄棟も雨水を分散させて流れ落ちるかたちがとれます。なかでも寄棟は抜きんでています。切妻は屋根が三角に見える方向にある壁を妻面と呼びますが、雨風や太陽光が当たってしまいます。一方、寄棟は四方向に屋根があるので、妻面がなく雨風にさらに強くなります。採用されるには理由があるのです。

一方、最近よく見かける片流れ屋根は機能面で劣ります。片流れには上下があり、上がっているほうの屋根は下の壁に直接雨風や太陽光を受けることになり劣化しやすくなります。太陽光が当たっている壁は壁面温度を上昇させるので、小屋裏の温度を上昇させます。また、台風などで大雨が降ったときに雨水が同じ方向に集まって流れ落ちるので、排水面でも気がかりです。

平らな陸屋根を載せた家屋は、雨や風、太陽光などの影響を相当に受けます。雨が降ったときに勾配のある屋根は重力で下へ流れ落ちていきますが、陸屋根は一度すべて受け止めてから排水するので、排水口の清掃が必須です。また、頻繁に防火などのメンテナンスも必要になります。僕は基本的には寄棟で、デザインによっては切妻と組み合わせることもありますが、太陽光、雨風、美しさを考えて寄棟がいちばんいいと思っています。

次に屋根材は主に瓦、スレート、アスファルトシングル、ガルバリウム鋼板を素材に使います。歴史を振り返ると、日本では古くは茅葺きの屋根があり、やがて粘土瓦と呼ばれる重量のある瓦が登場します。神社仏閣にある重厚な鬼瓦を思い浮かべる人もいるでしょう。粘土瓦はメンテナンスが少なくてすむので長い間、日本の屋根を担ってきました。

昭和に入っても瓦は使われたのですが、重いという欠点がありました。屋根が重いと耐震性に劣るという理由から軽量スレートが登場しました。もともとは西洋で使われていた天然の粘板岩を加工した建材ですが、高価なので普及しませんでした。日本でスレートといえば化粧スレートのことで、セメントに繊維素材を混ぜて加工した建材です。天然スレートとは別物で、施工が簡単で安価という理由で広く普及しました。もっとも使われている建材だと思います。

瓦には古いイメージがあるかもしれませんが、もちろん現役の屋根材です。先人が積み重ねてきた年月に裏打ちされた知恵の結晶だと思います。

主な屋根材の特徴

	特　徴
スレート	本来は天然の粘板岩を加工した天然ものだが、日本ではセメントに繊維素材を混ぜて加工した建材をスレートと呼ぶ。初期コストは安いが、劣化が早く、10年に1度は足場を組んでメンテナンスをする必要がある。また風に飛ばされやすいという弱点も
アスファルトシングル	アスファルトをガラス繊維でコーティングした建材で防水性や耐候性、耐震性に優れ、軽くて安価。シート状で扱いやすく、スレートとは違って接着できるので施工も簡単だが、強風などで剥がれやすく、10年に一度は定期的なメンテナンスが必要
ガルバリウム鋼板	金属鋼板をアルミニウム、亜鉛、シリコンでめっき加工したもの。雨が流れやすく、屋根の勾配をゆるくキレイに形成することができる。屋根が熱せられると小屋裏や2階の室温に影響しやすく、雨音が響きやすいという欠点も。また、凹みなどの傷に弱い

瓦屋根はスレートやガルバリウム鋼板に比べて２階の快適度が高いという特徴があります。つまり、瓦は波型なので通気層が必ずできます。自然と断熱ができるつくりになっているのです。夏場に小屋裏などで計測すると５～10℃は低い。先人の知恵はさすがだと思います。

弱点は、粘土を焼いて成型した粘土瓦は重いということ。そこでセメントを主原料としたセメント瓦が登場したのですが、こちらは割れやすく廃れていきました。近年は、樹脂やセラミックで加工したハイブリッド瓦が普及していきます。重さは粘土瓦の半分程度で施工性も高く、断熱や防水にも優れています。屋根にきちんと留めることができる製法なので、台風でも飛ばされる心配はありません。

ハイブリッド瓦の唯一の欠点は、値段が高いということです。しかし50年から60年、場合によっては100年もつと言われているので、ランニングコストを考慮すると検討に値しますし、断熱性能の差はエアコンの使用頻度にもつながるため、総合的に考えると屋根材は瓦一択だと思います。

さて、屋根材を決めるにあたって必ずチェックしてほしい項目があります。それは下葺き材です。屋根の構造は、まず垂木という木材を組み、その上に野地板という下地材を置きます。さらに、野地板の上に防水シートを敷く。最後に屋根材を設置していきます。この間に挟む防水シートを下葺き材、またはルーフィングと呼びます。

このルーフィングこそ屋根の性能を決定づける、もっとも重要な建材です。家を建築する際は必ず確認してください。

一般的に普及しているルーフィングはアスファルトを主成分としたアスファルトルーフィングです。手に取るとわかりますが、ペラペラでまるで紙のようです。手で引きちぎることもできます。簡単に破れるようなものを、雨や風、暑さや寒さにさらされる過酷な場所の下地に使っていいわけがない。しかも、耐用年数も短く10年程度。わざわざ高価なハイブリッド瓦を使っても、ルーフィングが悪ければ、雨漏りするかもしれません。

そんな商品がなぜ今も使われているのか不思議ですが、屋根の下にある建材なので誰にも見えません。おそらく、コストカットが可能な建材ということなのでしょう。知らぬ顔で使用している業者もどうかと思いますが、お客様も安いのには相応の理由があるとの心構えが必要です。

とくにこれまで述べてきた外観や外装について、僕はコストアップになる話しかしてきませんでした。何を選び何を削るのかは、お客様の自由です。しかし、絶対に削ってはいけないのがこのルーフィングです。

アスファルトルーフィングのなかにも種類があります。施工面積を計算して１㎡あたり１００円でも２００円でもいいものを使えば、それだけ効果はアップします。例えば、不織布タイプのルーフィングであれば破れにくく、耐用年数も30年以上あります。屋根は家の寿命に直結するので、ぜひ覚えておいてください。

なお、太陽光発電についてですが、僕は採用しません。太陽光を利用して消費エネルギーを自家で賄うという考え方自体はたいへん素晴らしいものだと思います。しかし、戸建ての屋根にソーラーパネルを載せることについては反対だからです。ソーラーパネルの寿命は何年でしょうか。いざ故障して撤去するとなったときに、その費用はいくらかかるのでしょうか。ソーラーパネルを搭載して産業廃棄物として処分するまでに要するエネルギーを考えると、エコだとはとても思えないからです。これから出てくるであろう次世代のものを待ちたいと思います。

「外壁」モルタル壁を彩るセラミック塗料

外壁材には、モルタル壁、ＡＬＣボード、スレート、天然木、タイル、レンガ、ガルバリウム鋼板など多数ありますが、述べてきたとおりサイディングは検討対象から外してもらいたいと思っています。

サイディングは、セメント質や繊維質を成型して硬化、塗装した板状の外壁材です。表面にタイルやレンガなどを模したデザインが施されています。その板を金具に引っかけて施工していきます。

日本の街を歩くとサイディングにあふれています。タイルを用いた外壁のようでありながら独特の安っぽさがあるので、よく見るとわかると思います。サイディングは、モルタル壁に吹付塗装などを行う湿式ではなく、貼り付けるだけの乾式なので、施工期間が短く、かつ簡単で安くて丈夫。ということで、１９９０年代半ばあたりから大流行して現在に至るまで採用され続けています。当時、サイディングを使って家を建てたことがあるのですが、さまざまな問題にぶちあたり、二度とサイディングにはかかわりたくないと思っています。

サイディングは劣化するのが早いのです。5～10年もすると、外壁が曲がってくることがあります。サイディングをつなぐ際にコーキングという目地が必要なのですが、この劣化が早いものでは5年くらいでヒビ割れが生じて隙間ができます。そこから雨水が浸入すると目も当てられません。現在ではサイディングも進化して目地のないものも発売されていますが、反り浮きが発生するので根本は変わっていません。

家の外壁は土壁や板張りの時代が長く続き、戦後になってモルタル壁の上に防水用の仕上げ材で塗装するのが主流になりました。しかし、モルタル壁はヒビが入りやすく、そこから雨水が浸入するなどの問題があり、代わりに登場したのがサイディングです。

劣化の早い外壁材がなぜはやったかというと、工期が短くてすむからです。モルタルや漆喰など日本に古くからある外壁は湿式工法でつくられます。塗ってから乾くのを待つので時間がかかります。一方、サイディングは乾式工法なので乾かす時間が必要ありません。取り付けて終わりです。

主な外壁の特徴

	特　徴
サイディング	サイディングには窯業系、金属系、木質系、樹脂系と種類がある。施工が簡単なのでどの工務店でも扱っている。初期費用こそ安価だが維持コストがかかる
軽量気泡コンクリート	別名ALC（Autoclaved Lightweight aerated Concrete）。ビルやマンションなどにも採用される軽い外壁材。施工性が高く工期が短くてすむ。パネルの継ぎ目が多く出るのでデザイン性に難がある
ガルバリウム鋼板	屋根材同様に人気がある素材。シンプルで、かつモダンだと言われるが、倉庫のような外観に惹かれるものがない。また、キズや凹みに弱いので、選択肢には入らない
タイル・レンガ	石や土、粘土を高温で焼き固めたもの。高級感があり好みだが重量がありメンテナンスがしにくい。レンガも同様に施工が難しく、値段が高いので一般的ではない

サイディングの工期は3、4日で終わります。後述する僕の吹き付け塗装は、養生期間が必要なため仕上げまでに2か月かかります。工期が短くてすむという、結局はお金の問題なのです。サイディングの施工も本来は技術を要するのですが、誰が施工してもとりあえずの格好がついてしまうので、熟練の職人がいなくても施工できるメリットもあります。

もし、そういった事実を知らずにハウスメーカーの言うとおりにサイディングを選んでしまうと、あとで後悔します。イメージ図と実物がどこか違う。いくらサンプルの現物を見ていても、それが外壁全面を覆ったときに安っぽく感じることは往々にしてあります。それは当たり前のことで、しょせん模造品だからです。最近ではサイディングに見えないサイディング商品もあるほどです。今でこそ質のいいコーキングを使った施工もありますが、いかんせん目地の見た目が美しくない。また、劣化すると交換するしかないという根本問題の解決には至っていないと思います。

僕が採用している工法は、モルタル外壁に吹き付け塗装で仕上げる方法です。この組み合わせがもっとも合理的で美しくなると思います。

モルタル壁はヒビが入りやすいと指摘しました。じつはそれはかなり古い認識です。近年は技術の進化があり、一周まわってモルタル壁がいちばんいいという結論に至りました。吹き付けの素材には耐候性の強いセラミック塗料を使うことで、アクリル塗料に比べると2倍の耐用年数を実現します。モルタルですから、自然災害や経年劣化でクラック（ヒビ割れ）が発生することもあります。しかし、補修方法が確立されているので、比較的容易にメンテナンスすることも可能です。

施工性の高いサイディングではなく、手間と時間のかかるモルタル壁に吹き付け塗装を選ぶのには理由があります。交換することなくメンテナンスできるうえに、優れたデザインを表現できるからです。サイディングはどうやっても、建材を貼るしかできません。ところがモルタルであれば、外観の項で述べた凹凸をつけたり複雑なデザインを描くことができます。これはサイディングでは実現不可能です。モルタル壁の最大の魅力はなんといっても「角」の表現です。ピンとして、じつに美しい角がつくれます。最高の外壁をつくるなら、モルタル壁に吹き付け塗装で決まりといっていいでしょう。

「外構①」建物と外を自然につなぐ

家の外観について、美しくあることの重要性を折に触れて述べてきました。植栽や玄関までのアプローチ、駐車場といった外構がそれに匹敵するほど重要であることは、言わずもがなでしょう。最近ではエクステリアとも呼ばれる外構ですが、多くの場合は後回しになります。家の建築と施工業者が異なることが多いので、家が建ってから外構業者が施工を始めるからです。外構業者はもともと植木など園芸が得意な業者と、ブロックなど建材を主に扱ってきた業者とに出自がわかれます。両方とも得意という業者は少ないので、家と外構を分業で美しくつくるのは難易度の高い作業です。

とくに近年は資材高騰の影響により外構の予算を削ることでバランスを取る人が増えています。そこで最低限、気をつけておきたいポイントがあるので覚えておいてください。

まず、駐車場を砂利にするのはやめましょう。コストは安くてすみますが、土の上に砂利を乗せているだけなので、駐車していれば沈みます。下にコンクリートを打って基礎をつくれば安定しますが、今度はその分のコストがかかってしまいます。

次に安価なのはアスファルトです。ガレージの下に使っている人をたまに見かけますが、外構に使う素材ではありません。一般道路でも年がら年じゅうヒビ割れや、歪みが見られます。国や市町村が税金でメンテナンスをしてもあの状態です。個人で管理するのはさらに面倒です。夏場には日射しで熱を溜め込み、表面温度は60℃近くになり、劣化します。

次にコンクリート。最初こそキレイなのですが、時を経ずして汚くなります。もっとも気になるのはタイヤ痕でしょう。ハンドルを切った場所に、何本ものタイヤ痕が残っているのをよく見かけます。雨だれにも弱いという欠点があります。

レンガ調のコンクリートブロックでインターロッキングという素材もあります。歩道などでよく使われていますが、人工的な印象があるため好みが分かれるところです。個人的にはあまり好きな素材ではなく、使っているうちに凹んだり欠けたりするため、素材としても難ありだと思っています。

タイルや天然石、自然石はコストこそかかりますが、美しく仕上げることが可能です。ただし高価で施工に時間がかかるため、採用するハードルが高いのも事実です。

と、ここまで列挙すると疑問に思われるでしょう。じつは素材に正解はありません。現状のベストアンサーは、単一素材を使うのではなく、組み合わせて自然に寄せてヴィンテージ感を出していくことです。

僕が使う素材はコンクリートと天然石、それにヴィンテージレンガという3種類を組み合わせていきます。ヴィンテージレンガは、実際に古い建物を解体したときに出る古材を利用したアンティークレンガもあれば、アンティーク調に焼成されたレンガもあり、予算に応じて選ぶことができます。外構にレンガを取り入れると風化したヴィンテージ感が出て途端に雰囲気がよくなります。経年した形跡はそのまま美しさにつながるので、施工時には、割ったり高さを変えたり、ひと手間を加えて均一感を消していきます。

もともと自然の風合いを有するの天然石も、必要であれば同様の措置を施します。そしてコンクリート、石、レンガの3種類の素材が持つ、質感の違いを利用しながらバランスよく組み合わせていきます。

組み合わせる際は自然を意識します。もともと自然界に存在しているデザインに近づけていくために、なるべく直線を排除します。駐車スペースのコンクリートも四角く区切って仕上げるのではなく、丸い曲線で区切っていくのです。

建築物は人工なので直線で構成されますが、自然界には人工的な直線は存在しません。人工的なものが「外」にあると人は不自然に感じます。よって、曲線を増やしていくことが建築物と外構を違和感なくつなぐ重要なポイントになるのです。駐車スペースのコンクリートの目地も曲線に切って芝生や砂利を入れることで自然に寄せていきます。

コンクリートの駐車スペースは表面ができてから流して仕上げると、タイヤ痕が残りにくくなります。表面をわざとザラつかせることで凹凸をつくります。タイヤと表面の接触面積が減るので、タイヤ痕が残りにくくなるのです。

「外構②」植栽と門壁で立体感を生み出す

外構を彩る建材や資材はこれらに限りません。敷地内の樹木や草花などの植栽が欠かせません。コンクリート、天然石、レンガに建物と外構をつなぐ役割があるとすれば、植栽は自然そのものです。植栽をすることで建物は「内」と「外」が明確になり、外構に一体感が生まれます。

僕が手がけている家の外観のコンセプトはメディトレニアン（地中海様式）と日本の蔵を融合したものですが、そのアイデアの着想の起点となったのは一本のオリーブの木です。

オリーブの木に似合うように地中海様式の外観を採用し、かつ日本の街並みに溶け込むように蔵のデザインを加えているのです。よって、植栽には必ずオリーブを植えています。デザインの起点となっているので欠かすことができない存在なのです。

最近は庭どころか植木のない家も増えています。土があれば雑草が生え、落葉樹を植えれば落ち葉が出るので、管理は大変になります。しかし、やはり家は自然と共存して見えたほうが美しい。建物と自然が一体になって初めて外観は完成します。家を建てたら1本でもいいので、木を植えてほしいと思っています。

外構で立体感を演出するものには門柱があります。よく見るのは、ポールにポストが付いたタイプのサインポストです。敷地に余裕がなければそれでも構いませんが、できれば塀にもなる門壁をつくってもらいたい。僕のところではブロックを積んで、照明、表札、インターホン、ポスト、宅配ボックスをまとめた門壁を備えています。門壁をつくると、敷地が窮屈に見えて家が小さくなると勘違いしている方も多いのですが、建物の前に壁や塀があると建物に対して奥行きが出るので、壁がない場合と比べて建物は大きく見える効果があります。家は立体感が増すのでお勧めです。

照明は門壁や門柱だけでなく、アプローチ、塀、植栽を照らすように点在させます。照明の位置はあらかじめ計画しておかないと配線できないので、建物の図面と外構を分けて考えてはいけません。配線だけでなく、水栓やコンセント、監視カメラといった設備をどこに配置するのか、外構計画にもインテリアファーストの意識で臨んでいただきたいと思います。

もうひとつ加えるなら、門扉や塀、フェンスには鋳鉄製のものを使ってもらいたい。贅沢をいえば、鍛造のロートアインと言われる一点ものもありますが、コストがかなりかかります。アルミを使うケースもありますが、鋳物の経年化した美しさにはかないません。もちろん、予算に応じて使う素材を検討してくださって構いません。家の風格を保ちたい方には鋳物がお勧めです。

外観に影響する部分で、見過ごしがちなのは基礎の塗装です。地面から出ている基礎の立ち上がり部分ですが、これは人間でいうところの足に相当します。多くはグレーに塗装することが多いのですが、外壁の色に合わせてみてください。ファッションにおける足元と同じで、コーディネートの印象を整えるのは足元です。トップスがいくら決まっていても足元が整っていないと台無しになるので、基礎の塗装にも気を使ってください。

「資産価値」愛され続ける家のつくりかた

僕が語ってきたことをすべて取り入れようとすると建築費や設備費用はうなぎのぼりになっていくでしょう。お金をかけるべきところと、抑えていくところの組み合わせかたを工夫するために僕たちプロがいます。

つい先日も奥様はダイニングテーブルの椅子ですごすのが好きで、旦那様の帰宅時間は毎晩遅いという夫婦がいらっしゃいました。ヒアリングの結果、ＬＤＫからリビングをなくすという結論になりました。ソファで過ごす習慣がないのであれば、リビングは必要ないと判断したからです。家には必ずリビングを、というルールは存在しません。その代わりにキッチンとダイニングでくつろげるように工夫すればいいのです。その方法については記したとおりです。慣習や慣行よりも大事なことは、家族が快適に暮らせることです。

お客様と出会ってその人生にかかわる以上、「押村に依頼してよかった」と思ってもらいたい。だから壁紙一枚、戸棚ひとつに至るまで自分の目と心を信じて提案しています。

ハウスメーカーには、お客様に分厚いカタログを手渡して、「来週の打ち合わせまでに、選んでおいてください」と約束させることがあります。家づくりの素人であるお客様に決断を委ねているのです。それはクレームを避けるための責任放棄であり怠惰です。

僕がプロとして抱いている希望は、極めてシンプルです。

自分の建てた家を永く使ってほしい。

住んでいる人たちに永く愛してほしい。

これだけです。50年、１００年と誰かに住み継いでいってほしい。その間、どれだけ永く住人を幸せにできるかがプロとしての勝負だと思っています。

ものには３つの寿命があるといわれています。壊れたときに訪れる物理的な寿命。使う人がいなくなってしまったときの機能的な寿命。最後が感情的な寿命です。

感情的な寿命とは、愛されなくなったときに訪れ、それで終わりです。飽きてしまった、古くさくなってしまった、好きではなくなってしまった。逆にいえば、愛されている限り、ものの寿命は尽きません。僕がここまで皆さんに説明してきた家とは、まさに愛され続ける家を模索してきた結論にほかなりません。寿命の尽きない家ならば、いつまでも誰かに愛されます。つまりそれが資産価値のある家なのです。

おわりに

僕は2022年からYouTube『ジュータクギャング』を始めました。おかげさまで2024年4月現在、100本以上の動画を投稿し、チャンネル登録者数は3万人を超えています。YouTubeを始めたきっかけは、50歳になったことでした。人生の折り返し地点をすぎて本当に住宅業界は今のままでいいのかを考え始めたからです。現在でこそSNSやYouTubeなどで従来のやり方とは異なる視点に立ち、情報を発信する人が増えていますが、まだまだ足りない。住宅業界の旧弊は依然、温存されたままです。

お客様は人生でもっとも高価な買い物をすることになります。住宅を売ることが仕事の営業マンと相対したときに、身を守るには知識を得ておくしかありません。とくに昨今の物価上昇に伴うステルス値上げの横行は目を疑うばかりです。お値段は一見、コロナ禍前の据え置きに見えても、実際は建材資材を削ってより劣悪なものを建てているケースが多いのです。

自分の利益しか考えていない営業マンもいれば、住宅に関する知識が皆無の人間もいます。お客様は相応の覚悟をもって勉強して自衛するしかありません。家を建てるということは、本来楽しいものであって、身構える必要などないはずですが、資本主義という功利的な価値観に重きを置かれる現状にあってはやむを得ない側面もあるかと思います。そこで、施主の選択肢を広げ、少しでもいい暮らしに近づくことができるように動画を更新し続けています。その結果、ハウスメーカーを選ぶのであれば、それはそれで正しい選択だとも思います。

ここ数年、注文住宅の着工件数は減少を続けています。少子化や円安、資材の高騰など経済環境の変化によって、お客様のマインドは冷え込んだままです。今後、日本経済が劇的に上向くことは難しいと思います。新築の需要が減っていくなかで僕たちに今できることはなにか。暮らしがよくなる美しい家を一軒でも多く建てて後世にノウハウや技術を継承していくことだと思っています。

ここまでお伝えしてきたなかで、勘違いをしてほしくないのは、大きな土地を買って、外観や外構にこだわり、内装や設備もすべて最上級にすれば最高の家が建つというわけではありません。繰り返しになりますが、重要なのはお客様がどう暮らしたいかです。その暮らしに合わせて家をつくってほしいと思っています。

矛盾するようですが、キッチンの天板などクオーツでなくてもいいのです。家族が集まるキッチンをつくってもらえばそれでいい。ダイニングテーブルもソファも高価な海外製である必要はありません。テーブルは人が集まれるサイズで、ソファは体を預けられるのものであればいいのです。大切なのは、物ではなくて暮らしかたです。健康的に家族がいつまでも笑って暮らせるかどうかです。

優先順位はひとそれぞれで構いません。外観よりも住宅設備にお金をかけたいという方もいるでしょう。お気に入りのアンティーク家具を何世代に渡って使い続けるために家づくりを行ってもいいと思います。2階リビングでもいいし、狭小地に3階建てをつくってもいい。そのうえで、資産価値のある家になるような工夫やノウハウを書いてきたつもりです。

これまで大阪を拠点に家づくりを行ってきました。ＹｏｕＴｕｂｅの効果もあって、日本全国から押村に来てほしいという声をいただくようになりました。まずは手始めに東京でも仕事を始めています。押村と家を建ててみたいという方がいらっしゃれば、お声がけいただければと思います。なんのお約束もできませんが、一緒に美しい家を建てましょう。

押村知也（おしむら・ともや）

不動産仲介業、デベロッパー、輸入住宅業などに従事したのち、2010年より有限会社スタイラスに所属。住宅設計からインテリア、内装、家具・家電、照明計画、外構にいたるまでトータルコーディネートする「住空間クリエイター」として活動。新築からリノベーションなど現在までに1000軒の家を手がける。YouTubeチャンネル『ジュータクギャング』は登録者数3万人、視聴回数400万回を超える

取材・文／ツクイヨシヒサ
図版／渡辺信吾（株式会社ウエイド）
デザイン／中西啓一（panix）

美しい家のつくりかた

発 行 日　2024年4月30日　初版第1刷発行

著　　者　押村知也
発 行 者　小池英彦
発 行 所　株式会社　扶桑社
〒105-8070
東京都港区海岸1-2-20 汐留ビルディング
電話 03-5843-8194（編集）
03-5843-8143（メールセンター）
http://www.fusosha.co.jp/

印刷・製本　サンケイ総合印刷株式会社

定価はカバーに表示してあります。

造本には十分注意しておりますが、落丁・乱丁（本のページの抜け落ちや順序の間違い）の場合は、小社メールセンター宛にお送りください。送料は小社負担でお取り替えいたします（古書店で購入したものについては、お取り替えできません）。

　ISBN 978-4-594-09497-3